産業経済とマーケティングポリシー

上原 聡 著

同友館

はじめに

戦後の長い期間にわたり日本の経済を支えてきた自動車と電機の二大産業のうち、残念ながら電機産業にかつての活力は現在では見られない。自動車産業においても、AI技術による自動運転やEV化の進展により、従来のような生産体制は今後大幅な見直しに迫られるであろう。そのような先行き不透明な時代にあってこそ、そして益々厳しさを増すビジネス環境の中でこそ、あらためて私たちは次世代経営に関するビジョンあるいは方向性のグランドデザインを考えなければならないと思われる。

技術は人手不足のような社会問題を解決し、また生活の利便性をより高め続けるだろうが、重要なことは、技術はあくまでも手段であり、充実した生き方の希求など、人間が過ごすその日常生活の中に一体何を求めていくべきかを検討することだ。これはまさに現在コンビニエンスストア業界が直面している二十四時間営業問題に代表されるような〝利便性至上主義〟社会を再考する機会でもある。

これには社会科学分野に関する知識だけではなく、哲学的な思考による価値観の模索が必須となるだろう。そしてここで、社会的機関としての企業組織の果たす役割がカギとなる。社会の公器である企業組織は雇用を生み、有用な製品を提供することを通して人間生活を豊かにしてきたが、今求められる役割は、これからの生き方の方向性を先導するような社会像・社会ビジョンを生活者に提示し、人々が意義を認める価値観を見出すための旗振り役になることであろう。

そこで本書においては、前提として、まずは現代日本の企業経営および産業経済に関する主要な通史を振り返り、そのプロセスと概要を網羅的に理解した上で、企業経営の今後のあり様を検討することを企図している。

次世代の企業経営においては、どのような指針が経営者にとって必要となり、その経営実践において有効な方向性を示すものになるのか。

この点に関し最終章において、企業が目指すべき今後の経営指針の一案として、事業の中核機能であるマーケティングを考える上で意義のあるポリシーを示そうと試みている。マーケティングに係るこの仮説概念となるポリシーとは、企業が策定する事業計画に先行し、その立案に影響を与え方向づける役割を果たすものとして提唱している。

終章に先立つ各章では、まず産業構造や経済環境を中心に戦後日本が辿った歩みについて整理している。次に、バブル期以降からリーマン・ショックに至るまで、企業経営と深く関わる金融市場の動きを説明している。これを受け、現代の日本企業が抱える、戦略を含めた経営課題と展望について具体的な行動事例に触れながら考察されている。さらに、国内経済を成長させるためには地域産業の活性化が欠かせず、政策や財源などの視点から地方の問題を論じている。

以上までの変遷を十分に理解しておくことが、次世代経営の指針を検討する上での前提であり、必要最低限の知識準備につながる。したがって、内容的にはわが国における産業経済論の初歩的なテキストとしてもお読みいただけるものと考える。

本書は上記のようなコンセプトに基づき構成されており、執筆に際しては長年にわたり信託銀行、証券会社でリサーチ業務に従事された、金融経済領域を専門とされる、市崎良和氏の協力により完成の運びとなった。限られた枚数制約の中で、内容的にできるだけ充実した書籍になるよう努力を試みたが、その評価は読者の皆様に委ねたく思う。

本書は嘉悦大学大学院の基礎教材作成の要請に応じて刊行されるが、刊行するにあたり、慶應義塾大学名誉教授の嶋口充輝先生に感謝したい。大学院時代の恩師である嶋口先生からは、学生時代と同様に今もなお知的刺激を引き続き与えていただき、本書の出版においては助成面等でも大変にお世話になった。

また、同友館の脇坂康弘社長からは、編集も含めて出版に至るまで大変にお世話になった。

そして、妻有希からは執筆を通して、精神面で支えられた。ここに心より感謝の意を表したい。

なお、嘉悦大学大学院生の発表の機会として、今回は大学院修了生の富岡健太郎氏が興味深いコラムを本書中に執筆している。

先行き不透明な時代の中で、経営に関わるすべての諸氏へ、本書が何らかのヒントとなり、少しでも貢献できれば幸いである。

折しも脱稿日に令和の時代を迎えた五月晴の研究室にて

上原　聡

●目次

第1章

産業構造と経済環境から見た戦後の日本

1 近代的マネジメント（経営管理）の導入

産業経済を論じる上で、本書の冒頭では、企業による近代的マネジメント導入の流れを概観し、日本が戦後再生する契機となった経営の起点をまず確認しておきたい。

戦後日本の経済成長を支えた日本的経営の成り立ちを考えると、米国からの経営管理手法の導入による功績が大きい。特に、生産・品質管理が、日本製品の競争力を押し上げていった点を踏まえれば、最大の貢献を果たしたと言える。

戦前・戦中期にも欧米の手法は取り入れられており、戦前にテイラーシステムが啓蒙され、戦時下には、少品種大量生産の必要性から航空機や兵器の生産にフォードシステムのようなコンベアー方式、タクト生産システムなどが導入されている。

しかし、兵器製造を通し戦時期に工場管理、製造工程管理という側面が取り入れられたものの、その根底にある考え方が浸透したとは言い難い状況であった。現場の部門毎のセクショナリズムが強く、各部門の古参従業員が実権を握っていた時代から、合理的・システム的な生産手法へ一足飛びに向かうには、まだ相当に無理があったと言えよう。

米国式の生産・品質管理手法の浸透

戦後、占領下において、米国式の生産・品質管理手法が浸透していく。

その始まりはＧＨＱ民間通信局ＣＣＳ（Civil Communication Section）が、一九四九年に日本の電気通信工業連合会傘下企業十九社の最高経営幹部を対象に実施した、いわゆる「ＣＣＳ経営者講座」とされている。

この背景には、ＧＨＱが日本の電話通信系の故障やトラブルに悩まされたことが契機とされ、この分野の改善が喫緊の課題であったことによる。四六年にＣＣＳのマギル（W. S. Magill）による指導の下、日本電気の工場で品質管理が実施され、これが戦後の品質管理が実施された最初と言われる。マギルの後任、サラソン（H. M. Sarasohn）は、これを引き継ぎ日本電気や東芝の関係者に対して指導を行っている。

四九年に、サラソンらはＣＣＳ経営者講座を企画するが、産業政策を司るＥＳＳ（Economic and Scientific Section：経済科学局）は旧敵国の競争力強化につながる講座に消極的であり、両者の意見を聞いた上で、マッカーサーＧＨＱ最高司令官の判断で実施が決まったとされる。これは日本の産業界の行方を左右する非常に大きな決定であったと言える。

同講座は、品質向上のためには経営者に経営の基本を再教育することが先決だとの理念から実施され、日本における科学的経営管理、特に統計的品質管理の手法の導入において格別大きな意味合いがあった。戦後間もない時期に製品品質を短期間で向上させたというだけではなく、その後も長期的に継続され品質向上に寄与し、世界的な競争優位の源泉を確立させたという点で大きな意義があった。同講座を受講した、住友電工、三菱電機、古河電工、日立製作所、東芝が先陣を切って以降の品質管理を実行していく。

一九五〇年には、統計的品質管理手法の権威であるデミング（W. E. Deming）博士がセミナー開催のために来日し、経営者、生産管理者、研究技術者に統計的品質管理の講義を行った。基準品質を満たさない製品を全品検査で取り除くのではなく、不良要因を統計的に分析抽出することにより生産工程の中で品質誤差を許容基準内に収めるのがその基本発想だ。

デミングによる講義はその後のわが国のＱＣサークル（小集団活動）の源流となり、現在でも広く多用されるＰＤＣＡサイクルの概念がデミングにより紹介されるなど参加者に大きな影響を与えた。五一年には「デミング賞」が国内に創設され、鉄鋼、製薬、紡績といった各業界を代表する企業が同賞の受賞を目指し、その後も六〇年代にトヨタ、松下といった成長期にある企業が受賞するなど、その概念は一部メーカーにとどまらず、日本の主要な製造業全般に広がっていった。

また、五四年には、品質管理コンサルタントのジュラン（J. M. Juran）博士が来日、経営者・管理者に必要な品質管理の概念・手法がさらに広げられた。同博士の講義を契機として、日本の品質管理は工場現場における技術主体のＱＣから、経営全体に目を向けたＱＣに向かい始める。同講義における品質管理の実施法（パレート図による重要度分析など）は、現在の日本においても多用されている手法だ。

この二人の指導の中から、より実践的かつ多様な訓練ツールが作られていく。こうして導入された米国式生産管理の考え方は、有識者の米国派遣により、更なる知識が導入され日本独自の進化が見られ、品質管理を特定の専門家のみで実施するのではなく、現場の労働者全員参加で推進する流れが生まれる。これは六〇年代のＱＣサークルの広がりを経て、製造現場だけでなく、設計や購買、外注にまで及ぶ全社的品質管理（ＴＱＣ）へと発展を遂げていき、七〇年代にはその導入が更なる広がりを見せていく。

このＱＣサークルは、トヨタ生産方式の根底をなす「カイゼン」理念につながり、逆に欧米でも導入されていく。八〇年に米国ＮＢＣでは、「日本にできて、なぜアメリカはできないのか」という番組を放映し、デミングたちの日本における活動を紹介した上で、米国の産業再活性化への問題点を取り上げた。この風潮が米国において、その後の「日本的経営」の研究と九〇年代の米国産業界の再興につながっていく。

日本的品質向上のマネジメントでは、最適な現場環境を企図し、ＱＣサークルによる改善提案制度を通し、現場中心主義と能動的な従業員の改善姿勢が求められる。これは従業員の経営参画に伴う問題意識や当事者意識の醸成がモチベーションを高め、結果的に個々のスキルを向上させる効果があった。忘れてならないのは、これは目標が与件で明示的な条件（キャッチアップ）の場合に限り有効なマネジメントであったということだ。

更なる米国的手法の導入

品質管理以外でも、米国的手法の導入が見られる。先のCCS講座は単なる品質問題だけでなく組織経営にまで及んでおり、定型化された教育訓練方式が求められていた。そして五〇年代に米国の教育訓練制度が導入されていく。

こうした制度の代表としては、TWI（Training Within Industry）が挙げられる。これは、米国の戦時中の熟練工不足対策として、それまでの人事管理や人間関係管理の成果を具体的に制度化した、現場の監督者向け訓練方式である。仕事の教え方、人の扱い方などが現場の責任者に対して具体的なケースを用い教えられた。

TWIについても、後年、米国におけるトヨタ生産方式の研究から、QCと同様に注目されたことで、米国へ逆輸入の形で広がりを見せていく。

新たな経営者層の登場

生産管理にとどまらず、経営組織面にわたり様々な制度が導入され、急速に浸透していった背景としては、もちろん、問題を指摘したGHQの存在があるが、財閥解体、財界パージにより多くの財界指導者・経営者が公職追放され、それまでの中堅幹部社員が新たな経営者層として企業の舵取りを担うことになったことも見逃せない。

これにより、サラリーマン経営者層が幅広く出現することになり、所有と経営の分離の流れが生み出され、その流れは五〇年の商法改正によって法的にも裏づけられることになる。

それまでの、株主総会への集権が特徴的なドイツ商法系から米国商法系に変わることで、株主総会の権限の制限と取締役の権限の拡大が図られ、新株発行等の財務調達をはじめ経営における重要施策の決定・行使権が株主総会から取締役会に移された。

以降、いわゆる専門経営者は、授権資本制（発行可能株式総数の範囲内で、資金調達が必要な分の株式発行が可能）などの財務制度によって機動的な経営を行い、企業における資本の内部蓄積が進むことになる。

2 技術導入と産業構造変化への対応

経済再生の経過を追うと、戦後は傾斜生産方式に始まり、その財源的機能を果たした復興金融公庫が設置される。同公庫債の日銀引き受けなどによって折からのインフレーションが加速するが、そのインフレを沈静化することを企図した経済安定政策（ドッジ・ライン）は不況へとつながり、その不況は朝鮮戦争の特需でようやく落ち着きを見せる。五四年頃には、戦前の鉱工業生産水準に達し、昭和五六年度の『経済白書』に有名な「もはや戦後ではない」というフレーズが記され、時代は高度成長期を迎える。

技術導入ラッシュ

この時期、企業においては、一九五〇年に「外資に関する法律（外資法）」公布以降、限られた枠の中で、技術導入ラッシュとも言われる、欧米からの技術導入が積極的に進められ、五〇年代において合計二三三二件の技術導入(1)が新たになされた。

明治以来、積極的に欧米から技術を取り入れ、戦前において世界水準の分野もあったが、戦時下で海外との交流が途絶え、国内の技術成長が停滞し、また戦後についても、生産設備の戦時損失の影響を受ける一方、国外、特に米国においては著しい技術の発展が見られたため（生産設備の急速な機械化・自動化が行われ、工場の管理方式が大きく発達）、戦時戦後の八年間を通じ大幅な技術ギャップが日本には生じていた。

具体的には、「主要部門における日本と米国との技術の隔たりは、造船部門では戦時戦後のわずか八年間で約三十年のギャップと言われ、鉄鋼部門では技術水準が二十年、著しいものでは三十年の隔たり、紡績部門においても機械化の進展が約十年の隔たりをつくった」（昭和五五年度『科学技術白書』）と言われており、労働生産性においても、「石炭では五％以下、化学工業全体として五％、人絹工業で二〇％以下、ゴム工業としても一〇％程度」（同白書）という低さであった。

このような技術導入は、当初は戦時下で生じた海外とのギャップを埋めるためであったが、徐々に戦後民需用に転換した産業部門における最新技術導入へとシフトし、国際水準への急速なキャッチアップが行われた。また、導入された生産技術は、市場ニーズに合わせた多品種少量生産へとアレンジが加えられ、日本独自の改良が施されていく。

高度成長下の産業構造変化　～石炭産業の興隆とエネルギー革命

六〇年代に入ると、高度経済成長政策の影響もあり、高い経済成長率を維持し、六八年にはGDPが世界第二位になる急速な伸長を示す。しかし、産業構造の変化も急速に生じており、GDPに占める農林水産業の割合の低下、製造業の上昇が見られ、製造業では重工業化が進む。輸出構造においても、五〇年代に中心であった繊維製品が急速に低下し、重化学工業がその中心へと移り、国際競争力も高まっていく。こうした産業構造の変化の影響を受けた代表例として石炭産業が挙げられる。

石炭は産業振興、戦前は戦争遂行の重要物資として国より増産が奨励され、一九一五年に史上最高の出炭量（五六三一万トン）を記録した。戦時下で大幅に生産能力を落とすが、戦後は傾斜生産方式の中心を成し、最優先で増産対策（三〇〇〇万トン出炭計画）が施された。

国の管理下で出炭量は大きく回復を示し、一九五〇年には自由競争市場へと復帰する。特需の影響もあり、炭鉱数は最大時一〇四七炭鉱（五二年）に達し、一九五五年度には国内一次エネルギー総供給の四割超を国内炭が占めていた。

しかし、この時期に世界的にはエネルギー革命が始まっており、中東での大油田発見が相次いで続き、安価で大量の石油が世界的に流通し、エネルギーの主体は石炭から石油に移り始めていた。国内では輸出産業の中心として重工業が成長し、エネルギー多消費型産業にはコスト抑制の圧力がかかった。

石炭産業の縮小　～産業の縮小政策の時代へ

石炭産業は出炭量こそ回復したが、特需後の不景気時には、輸入品（海外炭）とのコスト競争に晒され、需要低迷と過剰生産により深刻な不況に陥り、政府から合理化政策を示される。これは、スクラップ&ビルド方式（非能率炭鉱の買い上げ、一部炭鉱の増強）が主体であり、産業全体の効率化が図られた。

エネルギー革命の流れは急速に国内に浸透し、一九六〇年の国内一次エネルギー総供給割合では、石油が三七・八%、国内炭が三四・八%と逆転し、海外炭の割合も六・四%と増加し、六二年には原油の輸入自由化が行われる。

石炭出炭量の増加は見られたが、六一年から六三年に閉山数はピークを迎え、二二三炭鉱が閉山している（一方で大規模化が進行）。

高度成長期のモータリゼーションの高まりなどから石油シフトの流れが続き、七〇年代に入り、オイルショックによる石炭復権の動きも見られたが（先の原発事故後も同様）、その役回りは海外炭が負うことになる。石油の代替を国内炭では担えず、すでに多くの鉱山が閉山していたためだ。以後、石炭産業は、縮小に次ぐ縮小を余儀なくされていくことになる。

この構造変化は、大量の離職者が生じたことで地域経済に直結する大きな社会問題であった。六〇年には三井三池争議が起こり、閉山が進む中で大量離職者の発生は深刻化し、その混乱を避ける意味から、国は従前の施策（主に公共事業等への誘導）を

図1－1　1次エネルギー総供給の構成（単位%）

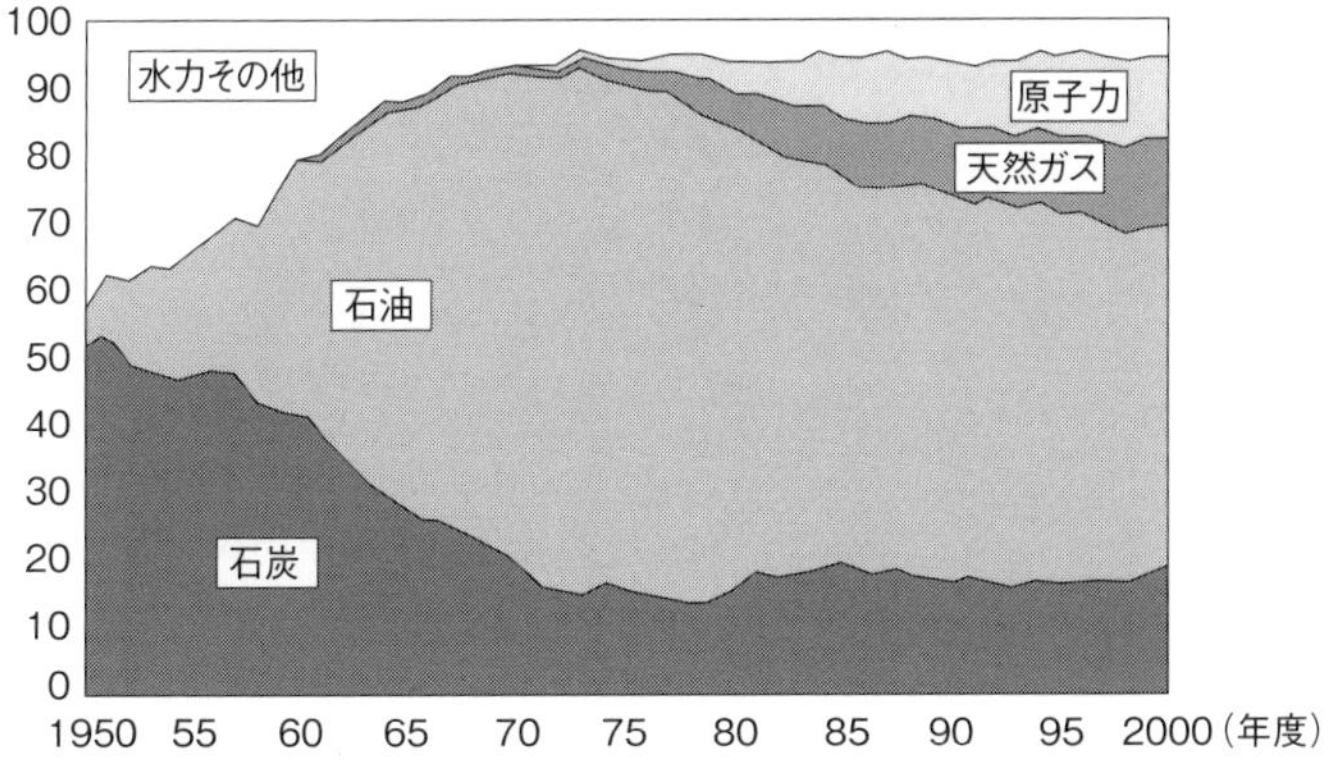

出所：資源エネルギー庁、日本エネルギー経済研究所より筆者作成

超えて、離職者の住居ケアにまで至る手厚いサポートを試みる。一方、企業側は、すでに進めていた多角化の流れを強めて産業構造変化への適応を図る。

産業構造変化や高度化の波は、繊維・紡績産業、造船業にまで及び、大量の失業者を出さぬよう、官民を挙げて失業者問題に配慮した対応を迫られた。戦後の産業構造調整は、行政指導による特定重点産業の振興策である傾斜生産方式に始まるが、高度成長期には特定産業の縮小・スクラップ化の政策が重視されるようになる。

3 高度成長から安定成長への移行とその対応

様々な構造変化への対応を見せつつも、日本経済は一九五五から七三年の間、実質GDPは年平均九％を超える高度成長を果たす。この間、輸出産業の主体は繊維・紡績等の軽工業から鉄鋼・造船などの重工業へシフトし、重厚長大産業が日本経済を大きく牽引した。

前半期は内需主導型の経済成長であったが、いざなぎ景気（六五〜七〇年）では輸出主導型へと転換している。もっとも、民間消費の伸びによる寄与は大きく、高度成長を支えたのはやはり内需と言えよう。経済面のみならず、社会的にも大きな変化をもたらした高度成長期は、第一次オイルショックで終焉を迎える。七一年より民間設備投資は急速に落ち込みを見せ、実態的には七〇年頃には転換を示していたと言える（消費の強さは続き、七二年のGDPは年率九％を示している）。

安定成長 ～高度成長期に生じた課題への対応とオイルショック

安定成長への移行は、高度成長期に生じた様々な歪みへの対応を模索する面を持つ。各地の公害問題や大都市への人口集中と農村の過疎化といった社会問題が深刻化し、特に公害問題は産業界に大きな影響を与えた。高度成長期の象徴とも言うべき各地に作られたコンビナートや工場群への批判は厳しいものとなり、六七年に公害対策基本法、六八年に大気汚染防止法制定など、六〇年代後半から七〇年代は高度の環境対策が求められた。

さらに七三年の第一次オイルショックにより、国際原油価格が三カ月で四倍近くまで上昇し、国内で社会的な混乱を見せる（七四年の消費者物価(2)は前年比＋二四・五％）。七三年度の国内一次エネルギー総供給に占める石油の割合は七七％に達しており、石油価格の上昇は他のエネルギー価格へも波及し、鉄鋼、石油化学などの基礎素材産業を中心に、エネルギー多消費産業にとってより大きなコスト上昇要因として作用した。

これを機に、省エネ対応が求められ、エネルギー多消費型の重厚長大産業は大きな転換を迫られることになる。一方で、比較的影響が小さく、海外市場開拓を進めた自動車、電子・家電へと輸出産業の中心は移行し、政策面も資本集約的な重化学工業育成政策から知識集約型産業へ転換する動き（重厚長大から軽薄短小）が取られる。

第一次オイルショックへの対応

第一次オイルショックは、すでにインフレ傾向が見られていた中で、原油価格急騰（輸入インフレ）が生じたことから、大幅なインフレが生じ、政策面でその対策が最優先となった。

そして、輸入インフレに留まらず、消費者物価の上昇に伴い、賃金上昇につながったため、スパイラル的な「ホーム・メイド・インフレ」の様相を見せた。政策面では、公定歩合の引き上げ、公共事業の予算執行の需要抑制策が取られ、企業側は減量経営に加え、設備投資の抑制を図ったため、一層不景気色は強まった。七四年度のGDPは戦後初のマイナス（▲〇・四％）を記録し、「インフレに不況」というスタグフレーション状況にあった。その後、物価の落ち着きにより、七五年より数次にわたる景気対策、金利の引き下げが実施され、景気は回復していく。しかし、成長率は高度成長期に比較すれば半減しており、「実感なき景気回復」との声が聞かれた。

また、オイルショックによる、世界経済問題（通貨、貿易、エネルギーなど）に対する政策協調を議論するため、七五年からサミットが開催され、こうした国際政策協調の動きは八〇年代にかけての大きなテーマとなっていく。

第二次オイルショック

その後、腰折れもありつつ緩やかな景気回復を見せていた中、七九年に第二次オイルショックが生じる。イラン革命（七八年）、イラン・イラク戦争（八〇年）により、原油価格は段階的に三年ほどの間に三倍まで上昇する。国内に影響は及んだものの、すでに省エネ対応が進んでいたことと労使の話し合いにより賃金上昇が抑制され、ホーム・メイド・インフレには向かわず、欧米各国との比較、あるいは第一次オイルショックと比べてもその影響は限定されたものであった。

七〇年代の企業対応　～省エネルギー、省資源の流れ

二度のオイルショックを通して産業構造変化が促されたが、鉄鋼業における「連続鋳造システム」の開発・導入をはじめ、基礎素材産業においても官民を挙げて、様々な省エネ対応が見られた。もっとも、新技術や新装置導入の一方で、各業界による共同設備廃棄などの過酷な減量対応も行われている。

省エネの対応は、製造業全般で行われ、第一次オイルショック時には、「熱処理に欠くことのできないガスの供給量が突然三〇%削減される[(3)]」といった切迫した状況を経験したこともあり、生産技術、製造工程の改良がさらに強力に進められていく。その中で、各企業におけるＱＣサークルの果たした役割やＴＱＣの広がりも大きな意味合いを持った。また、有名なト

ヨタ生産システム（カンバン方式）も第一次オイルショック後に多くの企業で採用され普及していった。こうした、コスト削減および省エネ・省資源に向けた技術開発は、国際競争力において優位性を築く土台となる。

この時期に、「マイクロ・エレクトロニクス（ＭＥ）化」と呼ばれるＩＣ（集積回路）、ＬＳＩ（大規模集積回路）を組み込んだ産業用ロボット、ＮＣ（Numerically Controlled：数値制御）工作機械が生産現場に浸透していき、大幅な技術革新が進展している。こうした動きに加え、自動車、家電のＩＣ化が急速に進み、国内半導体産業が伸長していく。

消費者側の意識変化　～強かった国内家計の耐久財購入意欲

七〇年代には、自動車、家電など消費者向け製品にも、環境問題、石油ショックによる省エネ・省資源化の流れが及ぶ。公害、石油ショックという一連の経済社会問題は、消費者行動にも影響を与え、現実問題として電気料金の上昇など家計面の圧迫もあり、消費者に向けた省エネ効果のアピールがマーケティング上も有効であった。

環境問題、省エネ問題への関心は欧米においても高まるが、米国では六〇年代から環境問題が盛り上がりを見せる。七〇年に発効された大気浄化法改正法（マスキー法）による自動車排気ガス規制は当時世界一厳しいとされ、これを唯一クリアしたホンダとマツダは大きな話題を集めた。

七〇年代は石油ショックの影響を受けつつも、家計の家電・自動車等の耐久財購入意欲は強く、こうした内需の強さが更なる製品開発を可能にしていく側面もあった。**図1－2**のとおり、この時期の家計の消費支出を見ると、全体の支出やその他の支出に比べ、耐久財向けはオイルショック時の大きな落ち込みはあるものの、回復も早く、総じて高い伸びを示していることが分かる。

図1－2　70年代の家計の形態別最終消費支出（実質：前年度比）

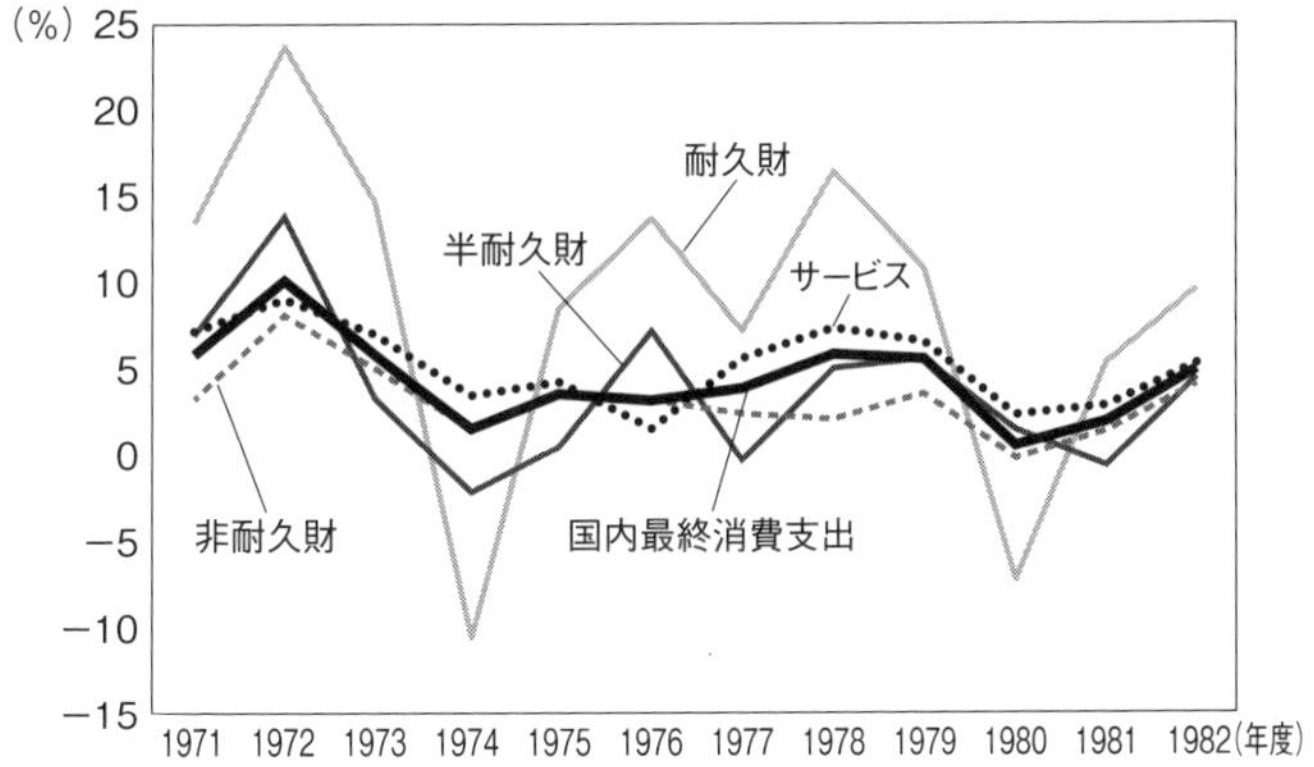

出所：内閣府「国民経済計算」、1968SNA（90年基準）より筆者作成

4 安定成長期までの物価・為替・金融政策

単一為替レートと国際収支赤字対策としての金融政策

ここで、終戦から安定成長期までの金融・経済環境について、物価・為替・金融政策の観点からまとめてみたい。

高度成長期までの物価動向を見ると、終戦直後の混乱に加え、傾斜生産方式に伴い設置された復興金融公庫債の日銀引き受けなどにより生じた事実上のハイパーインフレ状況は、一九四九年の経済安定政策（ドッジ・ライン）を経て、徐々に落ち着きを見せていく。

また、このドッジ・ラインにより単一為替レート（一ドル＝三六〇円）が設定され、その後、七一年まで実に二十二年間も維持された。

金融政策は、戦後はインフレ対策を中心としつつ、経済復興資金の供給を目的としていたが、五三年に国際収支赤字対策のため、初めて総需要調整策として、景気調整の役割を持って実施されることになる。

高度成長期と国際化の進展

高度成長期に入ると、景気は過熱状態に陥り易く、単一為替レート下での国内需要超過は物価高騰もしくは経常収支赤字を生じさせる。

高度成長期前半は、経済成長の伸びに対し、比較的落ち着いた物価の推移を見せる一方、経常収支、特に貿易収支の悪化が焦点となり、金融政策もそれを意識したものであった。それが高度成長期終盤の六九年には、経常収支の黒字基調下の中で、物価の安定を目的とした金融の引き締めが行われ、金融政策の主目的が物価に移行した。国際的には、六四年にＩＭＦ八条国に移行すると同時にＯＥＣＤにも正式加盟し、日本は先進国入りを果たす。

六〇年代後半になると、米国をはじめ世界的なインフレーション傾向が強まり、西ドイツ・日本などの国際競争力が向上し、米国の国際収支の悪化と西ドイツ・日本の黒字不均衡が顕在化し、各国間の通貨調整が必要とされたが解決には至らず、第二次世界大戦後から続いてきたブレトン・ウッズ体制は終焉を迎えることになる。

為替の変動相場制移行

七〇年代、米国のドル切り下げを見込み（ベトナム戦争下での貿易赤字が背景）、各国は保有ドルを金に交換する動きが加速し、米国内の金が大量に国外流出した。

七一年には「ニクソン・ショック」（ドル金交換停止など）、「スミソニアン協定」（ドルと金の固定交換レート引き上げ、ドルと各国通貨の交換レート見直し：一ドル三六〇円➡三〇八円、為替変動幅の拡大など）を経て、七三年には完全な変動相場制へと移行する。

この間、各国でドル不安が広がる中、日本でも円の平価切上げによる悲観論が広がり、これに対する経済対策・金融緩和が続けられ、一方では国内外国為替市場に巨額の短期資金が流入した。七二年前半には景気回復過程に入り、その後も経済対策、金融緩和が続き、この時期に打ち出された「列島改造論」ブームも相まって景気拡大ムードが広がった。海外でも主要先進国で景気拡大の動きが見られ、こうした環境下で物価は上昇基調を示した。七三年には金融引き締めに転じるが、同年に第一次オイルショックが生じ物価は急騰することになる。

第一次オイルショックへの政策対応

第一次オイルショックは、社会経済に多大な影響を与え、七四年の物価上昇率は、卸売物価（二〇〇二年より企業物価指数へ変更）で前年比＋三〇％を超え、消費者物価を上回る伸びを示し、一方で実質経済成長率はマイナスとなり、スタグフレーションの状況となった。

先述したようにホーム・メイド・インフレの様相を示していたこともあり、この対応として、まずインフレの沈静化が優先され、金融引締め、予算執行停止など、金融・財政両面からの需要抑制策が強力に行われ、インフレ鎮静後に景気刺激策が取られた。

安定成長期入り後の為替は、変動相場制移行直後の七三年に一ドル二六〇円台半ばまで円高が進んだが、その後は三〇〇円台まで円安となったこともあり、七五年までは円高方向への動きは抑制されたものとなる。

金融政策面では、オイルショック前の物価上昇（過剰流動性インフレ）を予防できなかった点を踏まえ、欧米中央銀行とともに、マネー・サプライ重視の政策をとるようになる。

世界経済の牽引役と円高

その後、為替は七六年から始まった円高の流れが七七年以降に強まり、七八年には一ドル一七六円まで進む。この背景としては、七七年頃から国際収支に余裕がある国々が世界経済において景気回復の機関車としての役割を果たすべきとの主張が海外で盛り上がり、七八年になると米国、西ドイツに比して、日本の経常黒字額だけが大幅に拡大したことがある。

こうした円高の動きが落ち着き、景気回復を見せはじめた頃に第二次オイルショックが生じるが、第一次オイルショックの教訓が活き、早期の金融引き締めが行われ、他国に比しても物価面の影響は抑えられたものになった。

このように、経常収支、為替、物価の変動は、金融・財政政策に大きな影響を与えたが、八〇年代にはさらに踏み込んだ政策議論がなされるようになる。

5 円高不況からバブルへ

第二次オイルショックの影響は抑制されたものの、景気回復への道は長く、景気後退期間は、第一次オイルショック後が一六カ月だったのに対し、三六カ月と底打ちまで大幅に時間を要している。

輸出では素材型商品から電気機械・輸送機械等の加工型商品へ主役の交代をしつつも、堅調な伸びを示し続けた。輸出額の推移を見ると、一九六五年に三兆円ほどだったが、七三年に初めて一〇兆円を超え、七七年に二〇兆円、景気が底を打った八三年には三四兆円、翌八四年には四〇兆円を超えている。

日米貿易問題の激化

一方、日米の貿易問題がこの時期から再燃してくる。八三年の輸出額のうち、米国向けが一〇兆円を超え全体の約三割を占め、米国依存傾向が高まる中、米国側からはこの解消を迫られはじめる。日米の貿易摩擦は、それまでにも繊維、鉄鋼、カラーテレビなどで幾度も俎上に載せられ、日本側の輸出自主規制等の措置が講じられていたが、八〇年代には自動車、半導体を中心にその対象が広がるとともに、日本の経済政策・構造にまで議論が及んだ。

八〇年代に入り、日本の米国に対する経常黒字拡大は、米国の急速な景気回復・ドル高政策など、米国側の事情によるところも大きかったが、米国内で政治問題化したことで、日本市場の閉鎖性など様々な指摘が飛び交うこととなった。従前の経済摩擦との質的な変化について、昭和六〇年度『経済白書』で以下のように指摘されている。

「第一は、我が国の急激な輸出数量の拡大をめぐる摩擦に加え、日本市場への参入機会の不均等を是正するとの観点から、我が国市場へのアクセス改善要求に焦点が当てられるに至っていることである。さらに、我が国の制度、慣行等が問題とされるようになってきた。

第二は、経済摩擦の対象分野として従来のものに加え、新たに高度技術部門が重視されてきたこととともに経済摩擦の対象も財からサービスへと分野の拡大がみられることである。

第三は、大幅な経常収支黒字を背景に日米、日欧、日ASEANなど経済摩擦が地域的にも広がりを見せていることである」

レーガノミクス下の米国

当時の米国の状況を見ると、第二次オイルショックによるスタグフレーション下にある中、八一年に就任したレーガン大統領のもと、大幅減税と歳出削減、規制緩和、通貨供給量の抑制等の政策（レーガノミクス）が行われた。

これにより、民間設備投資は上昇したものの、貯蓄率は低下傾向を示し、民間部門の貯蓄・

投資バランスが逼迫し、供給力不足分を海外からの輸入増加で補う格好となり、経常収支の大幅な赤字につながった。また、大幅減税と歳出拡大により、財政赤字が拡大しつつあった。

経常収支赤字と財政赤字の拡大は「双子の赤字」と称され、経済への深刻な悪影響の可能性が指摘されていた一方で、高金利の中、大幅な資本流入が生じており、ドル高の進行が顕著となっていた。

財政赤字と経常収支赤字を海外からの資本流入によって埋め合わせる状況に対して、対外負債残高の増加、米国内の保護主義の高まりといった懸念を踏まえ、八五年のＧ５(4)においてドル高懸念が議論され、米国においてドル高政策見直しの動きが始まる。

日本に対する経常黒字改善策として、内需の拡大と資本流出の抑制が求められたが、七〇年代の財政支出の増大、インフレ問題を経験してから間もない時期でもあり、財政刺激、金融緩和といった政策手段に日本側は消極的であった。また、経済界側からも米国内における保護主義の高まりを懸念する声が強まっており、為替調整による経常収支改善の流れが日本のドル高是正（円高誘導）に対する積極姿勢につながっている。

プラザ合意

八五年九月にニューヨーク・プラザ・ホテルで開催されたＧ５の中で「プラザ合意」がなされ、ドル高是正へと舵が切られた。Ｇ５各国による強力な協調介入（ドル売り）が行われ、日銀は為替市場介入（円買い、ドル売り）を行うことで円高を誘導し、ドル円相場はプラザ合意前の二三〇円台から、一二月末には二〇〇円台にまで円高が進んだ。また、プラザ合意では各国に求める対応も決められており、日本においては市場開放、規制緩和、内需刺激などが挙げられ、これに基づき一〇月には「内需拡大に対する対策」も決定されている。

ここで留意しておきたいのは、ドル高是正は、各国側から米国に求めて始めたものであり、日本側の事情は、米国内の保護主義の高まりという脅威の中で、輸出企業を含む経済界からも支持があったという点である。しかし、この予想以上の急激な円高により主に輸出関連製造業の多くは業績を悪化させた。

円高の進行と円高不況

こうして、ドル高是正の流れが始まると、八六年に入ってもドル安の流れが止まらず、二〇〇円台を割り込み、三月には一七〇円台まで進んだ。これは、プラザ合意時点で想定した水準を大幅に超えるもので、急速な円高により、輸出企業の円ベースでの受取りが減少し、同年三月には円高による輸出の伸び、製造業の設備投資の鈍化が指摘され、景気減速が明確になっていた。

しかし、当初期待された経常収支改善の動きが見えず、その後も円高の流れは続く。こうした景気減速の動きに対し、政府は経済対策を打ち出し、日銀は相次いで利下げを実施したものの（資金供給の増加分は企業の資金需要を大幅に上回る）、円高の流れの中で、中小企業が集積する輸出製品の産地（輸出産地）での苦境や地方の地場産業にまで波及する円高による影響が報じられた。円ドルレートでは、七月以降に一五〇円台まで円高が進行し、これが輸出型製造業への収益圧迫要因として重くのしかかり、鉄鋼業などで合理化計画が進められることになる。

一方で、非製造業は堅調な推移を見せていた。日銀の主要企業短観の業況ＤＩを見ても、通常、非製造業は製造業よりも底堅く、タイムラグはあるものの同様の動きを見せるが、この時期は製造業が落ち込む中で、ほぼ横ばいで推移している。円高による原材料安、金利低下などのメリットが大きく、内需刺激策や家計の最終消費支出も堅調な推移を示していたことがこの背景にある。

製造業、非製造業で明暗が分かれる状況の中、円高対策および内需拡大策が続けられ、八六年一〇月には公定歩合は戦後最低水準に、八七年にはそれをさらに下回る水準まで下げられた。また、内需拡大策としては、数次の経済対策とともに、公共事業への民間活用、規制緩和など内需主導へ向けた構造改革が意識された。こうした施策と、円高効果・対策の浸透もあり、八七年に景気回復の勢いが強まり、その後の大型景気拡大バブル期を迎える。

八〇年代前半の産業動向

産業界では、八〇年代前半に、半導体を中心とする電気機械産業の成長が見られた。

七〇年代後半から成長が本格化していた半導体産業は、国内民生分野市場の拡大に加え、八〇年代に入り、一六キロビットDRAMで米国市場への輸出が拡大し、シェアを急速に伸ばし、六四キロビットDRAMでは圧倒的な世界シェアを獲得するに至る。

これには、様々な新家電製品（CDプレーヤーなど）の普及、産業分野でのFA（ファクトリーオートメーション）の拡大、通信分野での交換機のデジタル化など国内需要による面と、八〇年代初めの米国内のDRAM供給不足の中で（日本製品の高品質が認められた内容のレポートが示され）、急速にシェアを伸ばした米国市場での需要による面がある。半導体産業は、その後も一メガビットDRAM、四メガビットDRAMを米国に先んじて製品化するなど、DRAM分野で優位性を示し、八〇年代半ばには世界の半導体企業の上位を複数の日本企業が占めることになる。一方で、日本企業の急速な成長と米国への大量の輸出攻勢は、日米間での日米半導体摩擦を生むことになる。

ここまで見てきたとおり、戦後の米国からの近代的マネジメントの導入は、生産管理面、経営面に大きく貢献し、その後の日本製品の高品質を生み出す土壌を生み出していった。また、海外からの技術輸入は、戦中・戦後のギャップを埋め、そこに日本独自の改良を加えていき、世界水準の製品化、輸出向上へ結びついていった。こうした戦後の日本経済の揺籃期の動きは、ダイナミックかつ先取の精神に富んだものであった。

また、その後の産業構造の変革は大きく、その先鞭として、石炭産業の縮小では、政府も大胆な対応策を打ち出し、その後の失業対策の原型を生み出すとともに、ソフトランディングに成功したものと言える。

高度成長期の重工業から、安定成長期の知識集約工業への転換時には、公害問題や省エネの浸透が進む中、企業側あるいは政府側の機敏な対応により、二度の石油ショックを乗り越え、主要先進国の中では問題をいち早くクリアした。この期間においても、経済環境・産業構造の大きな変化に、短期集中的に対応しており、日本におけるリストラクチャリングが成功していた時代と言えよう。

内需の強さも企業の製品開発、輸出を支える大きな存在として寄与しており、国内市場の厚さが企業行動を助けた側面がある。

一方、日本が先進国入りし、国際的な枠組みでの対応が一層求められることになり、この流れは日本の経常黒字の定着・増加とともに、国際的な影響をより大きく受け、七〇年代から八〇年代にかけて、その対応を含め経済問題が複雑化することになる。

(1) 昭和五五年度『科学技術白書』文部科学省

(2) 持家の帰属家賃を除く総合、暦年ベース

(3) トヨタ企業サイト http://www.toyota.co.jp/jpn/company/history/75years/「トヨタ自動車75年史」（二〇一八年十月一日アクセス）

(4) 日、米、西独、英、仏の五カ国蔵相・中央銀行総裁会議

第2章

バブルの形成と崩壊

～リーマン・ショックでも繰り返された問題

前章では、産業構造や経済環境を中心に戦後日本の変遷を時系列的にまとめてきたが、本章では企業経営と深く関わる金融市場の動きについて、バブルとその後の状況を中心に、いくつかの視点からまとめてみたい。

「日本は危機に関しては、常に世界に先例を示している」と言われ、バブル発生から崩壊後の日本は、各国当局をはじめ様々な研究分析の対象とされている。一方でこうした研究分析にもかかわらず、同様の事例は世界的に繰り返されており、リーマン・ショックもその延長線上にある。ここでは、バブル経済とその後の対応を通して、リーマン・ショックにつながる要因を確認しておこう。

1 バブル生成環境

バブル経済の始まりには諸説あるが、景気循環では一九八六年十一月から九一年二月までの五十一カ月間の景気拡張期に生じたことになる。この始まり時期には、前章で触れたように、政策金利である公定歩合が戦後最低水準まで引き下げられ、一方で内需拡大に向けて打ち出された対策（民間活力の活用として土地関係を中心に容積率緩和などの規制緩和、国有地払い下げ、大規模インフラ整備）が本格化してきた時期でもある。

東京の地価と株価上昇

こうした対策を受け、すでに八四年頃には東京下のオフィス面積予測を材料とした、東京都心での土地買収が活発化しており、同年の都心三区商業地地価(1)は前年比＋二一・八％と急速な伸びを見せ、八五年に同＋三〇・五％、八六年は同＋五三・六％と急騰し、地価の上昇は八六年には東京二十三区全域あるいは住宅地に広がっていた。

また、株価は、八二年秋頃から上昇基調に転じていたが、八六年に入ると騰勢を強め、民営化に伴うＮＴＴ株第一次売却（上場は八七年）があり、急速に株式投資への注目が高まり、十一月末には一八〇〇〇円台に達していた。

このように、八六年にはすでに資産インフレの予兆が確認できるが、この時期はプラザ合意後の急激な円高進行のさなかにあり、地価の急上昇も東京の局地的な現象（同年の全国商業地の地価は前年比＋五・一％）であった。また、物価は安定しており、卸売物価は円高進行や原油価格の低下を受けて前年比マイナス、消費者物価も総合指数で前年比＋〇・六％と抑制されたものとなっていた（エネルギー関連の下落が大きい）。

内需喚起政策と進んだ規制緩和

バブルの形成には、制度面や規制緩和も大きく関与している。不動産関係では、第一次オイルショック時の物価急騰の背景に「列島改造」ブームがあったことは触れたが、この時に規制を強めた土地税制が、八〇年以降に緩和されている。また、詳細は第4章に記すが、八六年十一月に第四次全国総合開発計画（四全総）の経過報告がまとめられ、東京圏で複数の大型民活プロジェクトの動きが活発化していた。

金融面では、金融行政が八〇年代に入る頃に金融自由化へ向けた取り組みが見られ、さらに米国側からの市場開放要求が強まったことから、金融・資本の自由化が進んでいく。

八五年には、金利の自由化がスタートし、段階的に大口定期預金、市場金利連動型預金（MMC）の導入、小口預金と進み、流動性預金の自由化（九四年）まで続く。

企業の社債発行も、七七年の発行限度額緩和を皮切りに、七九年に無担保社債の発行（限定的な適用）、八一年に商法改正による新株引受権付社債（ワラント付き社債）の発行制度創設など、大企業の自主調達が強まっていった。

また、外為法改正（八〇年）により、資金の国際的な移動を「原則禁止・例外自由」から「原則自由・例外抑制」へ大きく舵を切り、資本取引の原則自由化により、企業の海外での資金調達が活発化していく。その他にも、八四年の外為市場における実需原則が撤廃されるなど、制度改正が続き、企業財務の自由度が大きく広がり、調達と運用両面での変革が見られることになる。

これらの流れは、経済の国際化、経常収支の黒字化が定着した日本に対する米国を中心とした海外からの変革要望（内需拡大、金融・資本の自由化）を、政府および企業側が汲み取ったことによるものだが、結果として企業による資金調達に急速な変化が生じ、それが加速していく状況を招く。

2 バブルとその後の長期低迷

大企業の資金調達行動変化と銀行間競争の激化

八〇年代半ば、企業の資金調達は従前の銀行借り入れ（間接金融）から、社債などによる自主調達（直接金融）の道が開けつつあり、大企業を中心に資金調達行動が大きく変動した。八〇年代前半には、国外での転換社債による調達が増加していたが、その後は規制緩和が進む中、株高・円高のトレンドを取り込み、国外を中心にエクイティ・ファイナンスによる調達が急増することになる。

一方で、大企業の銀行離れが鮮明となる中で、銀行間の融資先を巡る競争が激化し、都銀など大手行の中小企業向け融資や個人向け融資への進出が活発化する。加えて住友銀行の平和相互銀行合併などにより、東京圏での都市銀行間の競争が激しさを増していく。こうした融資競争の中、地価上昇を背景に不動産関連融資が急増するが、一方で審査機能の低下や従前は慎重姿勢であった業種への貸し出しも積極化するなど、リスク管理の低下は否めない状況であった。

エクイティ・ファイナンスの隆盛

エクイティ・ファイナンスとは、発行者のエクイティ（株主資本）の増加をもたらす資金調達で、具体的には株（公募増資、第三者割当等の増資）、CB（転換社債型新株予約権付社債）などの発行である。なお、〇二年四月の商法改正以前は、CBは転換社債をさし、ワラント債と区別されていた。

転換社債は、一定条件で社債を株式に転換できる社債であり、ワラント債は、所定の価格で新株を購入できる権利を付した社債である。

株価上昇期には、転換社債は株に転換されることで返済の必要がなくなることや、外貨建てワラント債を為替先物予約と組み合わせた発行は円ベースでの発行コストを大きく下げることができた。また、投資家側にもキャピタルゲインを狙った購入意図があり、低金利・低コストでの発行が可能であった。

こうした低コスト調達は、年を追うごとに巨額になり、上場企業のエクイティ・ファイナンスによる調達額は、八七年から九一年の五年間で七三兆円（普通社債を含めると八七兆円）に達した。

調達された資金は、設備投資のほかに資金運用や実物資産の購入などに回され、こうした運用資金の流入がさらに株価を押し上げる構図となり、八七年十月にはブラックマンデーが生じるが、決算処理基準に関する運用の弾力化、また後述する証券会社による損失補填対応などもあり、さらに強気な相場が八九年末の史上最高値（三八九一五・八七円：終値）まで続くことになる。

中小企業においても、銀行の積極的な融資姿勢への転換により、資金調達が容易になった一方で、借入金での不動産投資が広がっていた。不動産価格の上昇は、八七年以降、東京から全国へ拡散していき、九一年まで二桁の伸びを示す。

エクイティ・ファイナンスの終焉

バブルの崩壊とともに、こうした循環がすべて

図2－1　上場企業の直接資金調達（10億円）

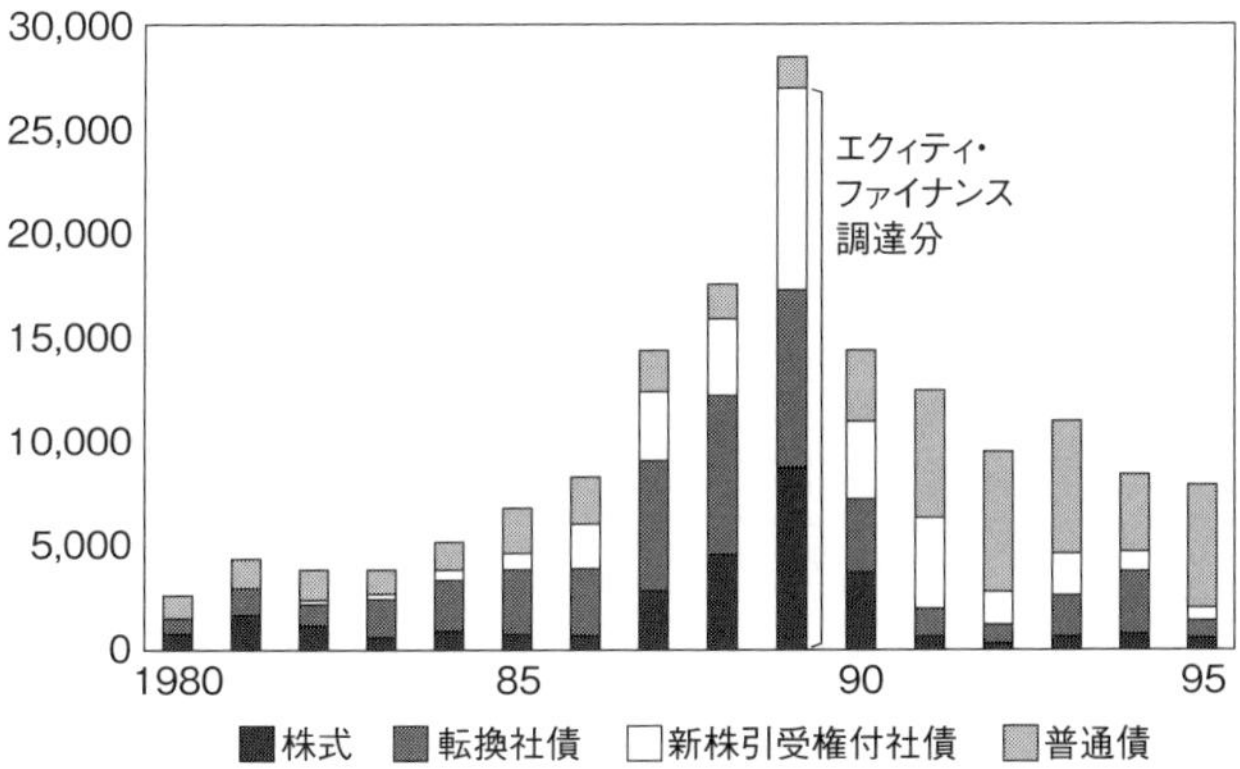

出所：東証データより筆者作成

逆回転の悪循環を見せる。株式市場、不動産市場の悪化は、企業の資産面を毀損するのはもちろん、負債あるいは調達面の問題が表面化した。転換社債等は、株価上昇期であれば株への転換が織り込めるが、下落期ではそのまま償還を迎えるため、その償還資金が必要になる。償還資金を、再度エクイティ・ファイナンスでまかなうことが厳しい場合、手元資金あるいは銀行借り入れ、社債等で対応するしかなく、調達コストは大幅に上昇することになる。

運用においても、市場の低迷に加え、九一年には損失補填問題が発覚、コンプライアンス面での問題が顕在化し、社会的批判を受けて企業側の資金運用姿勢は大きく変わることになる。運用面での損失処理が様々な形で先送りされ、後年になり問題が露呈するなど、企業に大きな傷を残し続けたケースも多く散見される。

また、後述するＢＩＳ規制などにより、都銀や長信銀等の大手行は九〇年代初めには貸し出しが厳格化に転じており、地価下落による担保価値の低下から、企業側による資金調達の厳しさが一層増していた。

設備投資の急増とストック調整

企業の設備投資は、従前から安定成長を示していたが、バブル期には高水準の資金調達を背景に設備投資も急増している。急増理由は、内需の高まりと消費者ニーズを狙った多品種多様化の更なる進展、他社との競争（シェア維持拡大）、多角化などが考えられ、一九八七〜九一年度の設備投資の年度平均伸び率(2)は一五%を越え、好調な経済下で積極姿勢が強まった。

この時期の特徴としては、設備投資が売上や採算性に結びついていない点が挙げられる。**図2－2**で見るように、七〇年代は設備投資の増加が総資本営業利益率あるいは有形固定資産回転率（有形固定資産が売上高に結びつく程度を表す指標）の上昇と連動しているが、八〇年代になるとその押し上げ効果はほぼ見られない。

バブル崩壊後、業績が低迷する中で、設備投資に対しても一転して厳しい見方に傾き、採算性や収益性重視姿勢に変化するが、過大かつ収益性の低い設備投資と積み上がったストック調整は、九〇年代を通して二〇〇〇年代初めまで続くことになる。

図2－2　設備投資伸び率と総資本営業利益率・有形固定資産回転率

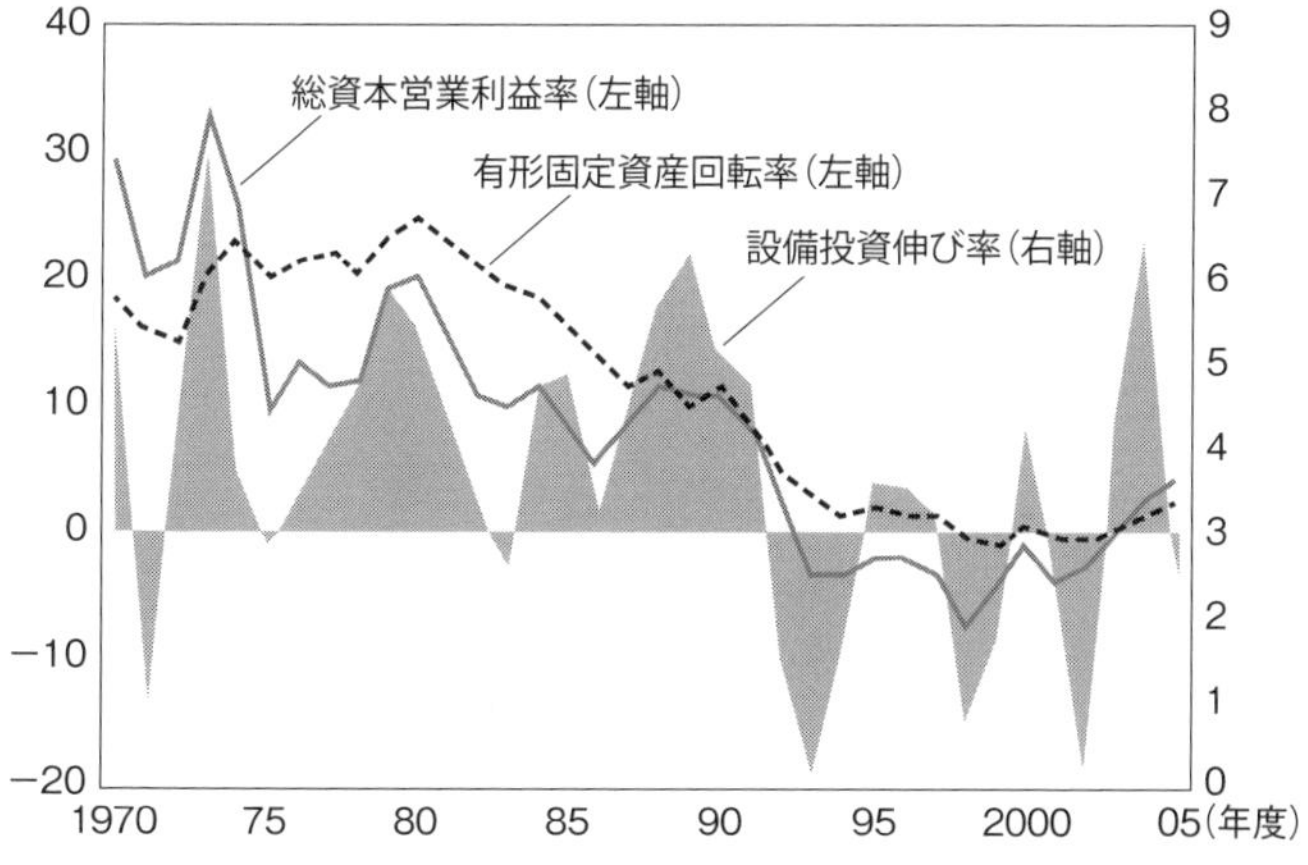

出所：財務省、法人企業統計年報より筆者作成（単位%）

長引いた調整　①余熱と楽観による初動の鈍さ

バブルの崩壊は一般的に九一年頃とされるが、当初の見方は、通常の景気後退の延長線上の感覚で捉えられ、在庫調整の進展によって回復に転じるとの見方も多く、資産価格の下落による経済への下方圧力も九二年頃まではさほど認識されていなかった。

その後の大きな足かせとなる不良債権は、九二年四月に初めて発表されるが、六カ月以上利払い停止している延滞債権の元本は七兆円から八兆円程度（都市銀行、長期信用銀行、信託銀行の二十一行合計）で、そのうち担保や保証等でカバーされないものは、二兆円から三兆円とされた。当時としては巨額に受け止められたが、後年から見るとかなり少ない金額ではあった。九二年八月に、不良債権問題を危惧した当時の宮澤喜一首相が公的資金導入の提案をするが、各方面からの反対により見送られ、少なくともこの時期にはバブル崩壊が金融システムの阻害要因となるという認識は低かったと言える。

また、当時の世論も、地価高騰を招いたバブルや、不祥事が相次ぐ金融機関への批判が高まっていたことから、早期の金融機関への公的資金注入による対応は厳しい情勢であった。

長引いた調整　②全業種での業況悪化と高まる業況感の同調性

九〇年代の景気後退期の特徴としては、全業種の業況の同調性が高かったことが挙げられる。過去の景気後退期においては、製造業・素材産業の落ち込みが大きくても、非製造業が堅調な推移を示したり、製造業・加工業の回復が早かったりと、何かしら下支えや牽引役となる業種があったが、バブル期以降、全業種の景況感が同様の傾向を示すようになっている。

このため、円高不況時のように、製造業で失われた雇用が非製造業で確保されるなど、受け皿となる業種が見当たらなかった。さらに言えば、牽引役となるほどの新産業が浮上してこなかったのである。

長引いた調整　③低迷する個人消費と低価格志向への変化

バブル期の特徴に、強い内需、特に資産効果や好景気を背景とした高額商品への消費の強さが挙げられるが、バブル崩壊後は逆資産効果、賃金の伸びの低下とともに個人消費の伸びも低下する。特にバブル期に耐久財消費の高い伸びが維持されたこともあり、買い換え需要が生じるまで長い時間を要した。

一方で、消費者の嗜好にも変化が生じ、財からサービスへの支出先の変化、また低価格志向が強くなっていく。この影響により、百貨店売上が低迷する中、低価格志向の強い専門店が成長を見せ、スーパーの競合相手としてディスカウントストアが伸長し、新車販売台数が落ち込む一方で、中古車販売が好調を見せるなど、業態による差も生じていった。

小売業以外の外食産業においても、低価格戦略に重きが置かれ、九四年には「価格破壊」が流行語となり、この動きはその後も続き、消費者に低価格志向が根強く定着していく。

長引いた調整　④九〇年代の超円高

バブル直後の景気後退は、一九九三年十月に底を打つが、この後退期の九三年一月から八月の間に急速な円高が進行する。背景は、九三年一月に就任したクリントン大統領による、日米貿易不均衡問題に対する円高への言及に始まり、その後も日米の通商協議の難航の中、円ドルレートが円高の流れを見せた。バブル後の立て直しを図りつつも、収益が悪化している最中の円高であり、企業マインドをさらに冷え込ませた。

九四年にはメキシコ通貨危機、九五年にはアルゼンチンにも動揺が生じ、ドル安の流れも生じたことから、九四年七月には円ドルレートが一〇〇円を割り込み、九五年の四月には一ドル＝七九・七五円への史上最高値を記録する。

この時期の円高で留意すべきは、実効為替レー

図2－3　円ドルレートと実効為替レート指数

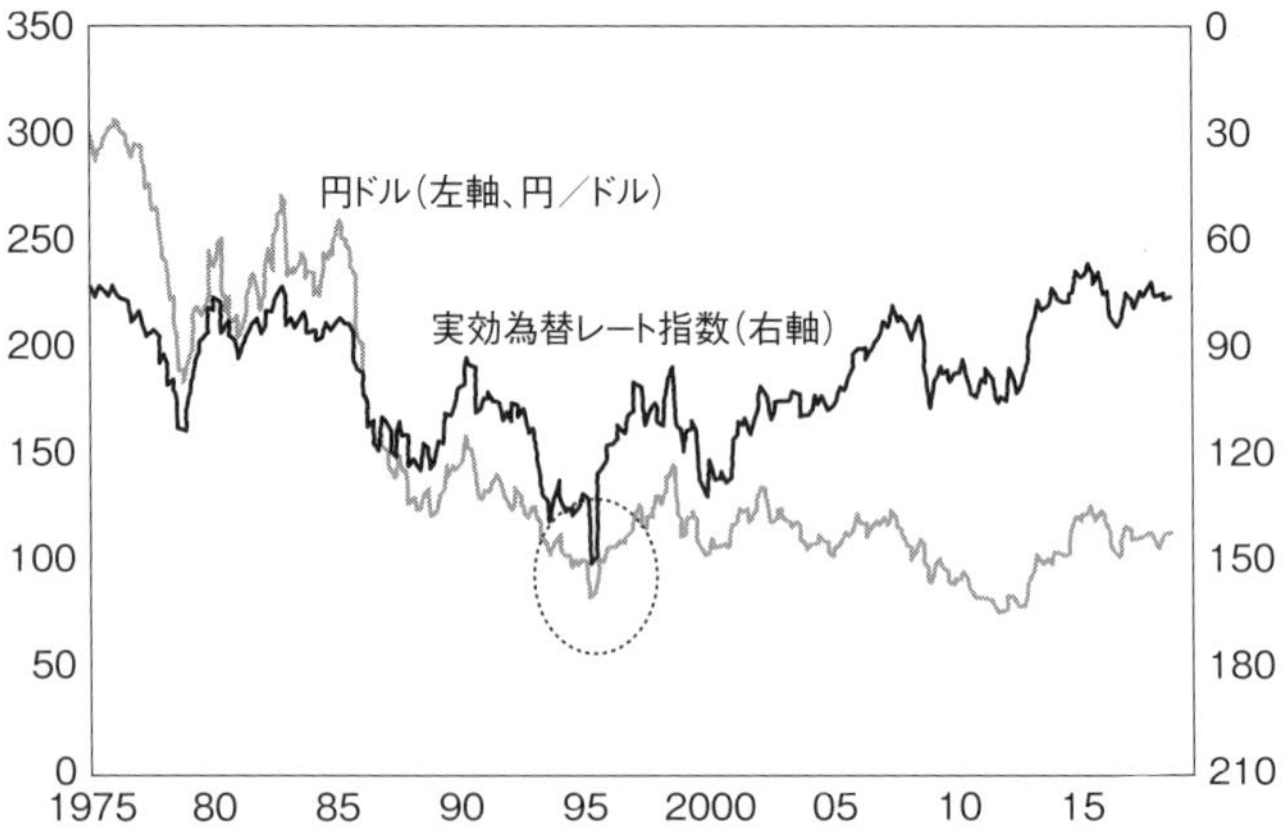

出所：日本銀行データより筆者作成（2010年=100とする指数）

トの動きである。実効為替レートは、ドル以外の通貨との間の為替レートも対象に、貿易額等で計った相対的な重要度でウエイト付けして集計・算出し、基準時点からの為替レートの変動を指数化したもので、同指数が大きくなるほど全般的に円高となる。図２―３は円ドルレートと合わせて掲載したものだが、実効為替レートの軸はイメージし易いように反転してある。

九三年からの円高は、円ドルレートでは七〇年代、八〇年代の円高局面より変化幅は低いものの、実効レートで見た場合、それに匹敵するかそれ以上の変化となっており、水準ベースでは史上最高の円高を示している。すなわち、ドルだけでなく、欧州通貨などに対しても円が全面高となっており、このことは輸出企業の円ベース受取額の減少を意味する。この円高は企業行動に大きな影響を与え、景気回復の弱さにつながることになる。

3　九〇年代後半の混乱　～金融危機とアジア通貨危機

九五年までの大幅な円高の修正、金融・財政政策、消費税引き上げ前の駆け込み需要などの追い風もあり、弱いながらも回復基調を見せていた景気だったが、九七年以降、再度大幅な落ち込みを見せる。この時の大きな要因が、金融危機とアジア通貨危機である。この時に生じた金融市場の混乱については、リーマン・ショックでも同様の事象が見られることから、詳しく以下で説明していきたい。

金融危機 ①楽観的な初動対応

金融機関の破綻はバブル前にも生じており、バブル後も相互銀行や複数の信用金庫、信用組合に加え、九五年には銀行としては戦後初めての兵庫銀行の事例があり、同年には住宅ローン専門の住宅金融専門会社（住専）も破綻をしている。

しかし、金融行政の対応では、当初は日本経済の回復力、対応力への期待が強く示され、護送船団方式に基づく、従前通りの「法律・行政指導による競争制限により個々の金融機関の経営安定（強制合併による経営危機の早期処理など）を通じて金融システムの安定を図る」対応に終始したことや、破綻に対するセーフティネットの整備が遅れたまま状況が悪化していた。先述した宮沢首相の公的資金早期導入案が見送られたのも、この流れの延長にある。

九四年には、各金融機関の体力低下により、破綻金融機関の受け皿となる金融機関も見られず、個々の破綻が金融システムに波及しないようセーフティネットを設置し、中小の破綻金融機関は迅速に退場させる方針に転換した（個別ケースごとに受皿金融機関を作り、預金保険機構から資金援助を受けて営業譲渡を行う方式）。しかし、この方式へ切り替わった背景は、「楽観的な経済情勢判断（日本経済への信頼、大手金融機関の破綻は想定外）があり、少数の破綻を迅速に処理すれば事態は大きな混乱なく収拾可能との判断」(3)というものであった。

また、九六年十一月には、金融市場の規制を撤廃・緩和し、市場の活性化や国際化を目指す、日本版金融ビックバン構想が発表されている。

金融危機　②金融危機の発生とその後の対応

こうした対応後、経済情勢判断の見誤りに加え、九七年四月に日産生命（一部業務停止）、十一月に三洋証券を皮切りに、北海道拓殖銀行、山一證券と大型金融機関の破綻が相次ぐことで、更なる不安を生じさせることになる。一応の整備をされていたセーフティネットも、預金者保護の主体である預金保険機構が大幅な赤字となっており、証券業界が設立した投資家保護を目的とした寄託証券保証基金も資金不足問題が浮上、前年に設立された生命保険契約者を保護する保険契約者保護基金も日産生命の破綻で資金枠が底をついていた。

以上のような状況を踏まえ、金融行政もより踏み込んだ対応を取ることになる。九八年二月に金融安定化二法が成立し、預金者保護と金融機関の体質強化が図られ、三〇兆円の公的資金枠が設定された。

その後も、日本長期信用銀行などの経営不安が取り上げられる中、金融問題が政治問題化し、九八年十月に金融再生関連法が成立し、破綻金融機関に対しての対応（承継銀行を設立、一時国有化）や金融機関の不良債権の買い取りを実施する整理回収機構の設立、金融機関の不良債権処理と資本増強（公的資金注入）などがまとめられ、破綻処理の財源としては、預金保険機構等に公的資金総額七〇兆円が準備された。

これにより、日本長期信用銀行と日本債券信用銀行は一時国有化され、その後も金融機関の破綻処理が進む。二〇〇一年には、時限立法であった金融再生法の破綻処理を恒久化し、信用秩序の維持に極めて重大な支障が生じるおそれがあると認められる時（危機的な事態＝システミック・リスク）の「金融危機対応措置」を含んだ預金保険法の改正が行われた。

金融危機　③金融危機の終焉

ＩＴバブルの崩壊とともに景気が腰折れを示し、二〇〇一年から不良債権が急増を示す中、〇二年一月には、銀行の保有する株式の価格変動リスクを抑制、銀行の株式保有制限等を目的に銀行等保有株式取得機構が発足する。

さらに同年十月には、〇四年度までに主要行の不良債権比率を半分程度に低下させることを目標とした「金融再生プログラム」がまとめられ、資産査定の厳格化・統一化が盛り込まれたが、同プログラムのもう一つの特徴が企業再生であった。

企業や産業の再生を強力に推進することを目的とし、整理回収機構とは別に「産業再生機構」を設置し、同機構が再生可能と判断する企業の債権を、原則として非メインである金融機関から買い取ることとされた。

このように重点が、金融機関の破綻処理よりも企業再生へと移行しており、実際、同プログラム以降の破綻処理は一件である。また、一般には金融機関のハードランディング（破綻処理）と受け取られている国有化・資本注入は、金融機関の取扱いに関する限りにおいて、むしろソフトランディングになっている。

不良債権処理と企業再生の両スキームにより、大幅な不良債権処理が進み、さらには景気回復の追い風もあり、目標であった〇四年度に主要行の不良債権比率を半分程度に低下させることは達成され、金融危機は一応終焉を迎える。

この間、銀行批判↓システミック・リスク警戒へ、またハードランディング論とソフトランディング論の交錯、と世論も含めて対応は錯綜、変化したが、同様の状況はリーマン・ショック後に欧米でも再び見られることになる。

金融危機　④インターバンク市場における影響　～流動性危機の事例

次に、金融危機におけるインターバンク市場の動向を見てみたい。

インターバンク市場とは、金融機関等の限定された市場参加者が資金の運用と調達を行うコール市場と手形市場の二つ、あるいは外国為替市場を含めて言う場合もある。

コール市場は金融機関が相互の資金繰りを最終的に調整し合う市場であり、代表的な取引は、無担保で資金を借りて翌日に返済する取引である「無担保コール翌日物」だ。この金利が、九四年十月から二〇一三年三月まで政策金利の役割を果たしていた。コール市場では、九七年十一月、破綻（会社更生法申請）により三洋証券は、無担保コール翌日物の返済ができず、無担保コール市場初のデフォルトが発生する。

この時点では、すでに経営不安の噂から同社との取引を控えていた市場参加者が多く、市場全体では特に大きな影響は見られなかった。しかし、これにより、三洋証券同様に経営を不安視されていた山一證券などへの資金を貸し出す動きも縮小に転じる。山一證券はコール市場で調達した資金を、主幹事先であり、さらに高い金利で調達していた北海道拓殖銀行（拓銀）に融通していたこともあり、拓銀の資金調達も一層厳しくなる。

資金調達が困難になった拓銀は破綻（営業譲渡）するが、こちらもすでに取引が縮小されており、政府・日銀による表明（外貨預金も含む預金とインターバンク市場での拓銀向け貸し出しは全額保護）もあって、ここでも市場全体では大きな混乱は見られなかった。しかし、山一證券の自主廃業が報道されると、その翌週からコール市場は混乱を見せる。

具体的には、その翌週初めの朝、資金の貸し手がほとんど市場に現われず、ようやく出てきた資金も小出しで調達金利が上昇し、その後はそれまで同一とされていた都銀上位行の資金調達金利もグループ化されるようになった。日銀による試行錯誤の金融調節により、ようやく落ち着くが、この間は流動性危機と言える状況が生じていたことになる。

なぜ、急にこうした状況が生じたのか。その理由については、以下のようなインタビューのまとめがあるので記載する。

「当時コール市場に参加していたディーラー、トレーダーらにその心理をインタビューしたところ、①拓銀、山一証券と二週連続して大手金融機関が破たんした。金融当局は金融システム危機に対して無力であるような印象を受けた、②当時は他の大手金融機関も多額の不良債権を抱え、その実態は適切にディスクローズされていなかった。市場の不安心理に一旦火が点くと、あらゆる金融機関に対して疑念が生じ始めた、③三洋証券がコール市場で発生させたデフォルトは、その時点では他の多くの金融機関にとっては「他人事」だった。しかし、都銀上位行の支払い能力に対してまで不安を感じてしまうパニック心理に一度陥ると、三洋証券のデフォルトが脳裏をかすめるようになる、といった声が聞かれた。パニック発生は、三洋証券のデフォルトだけが直接の原因でなく、当時の金融システムが孕んでいた複数の要因が一挙に市場参加者の不安心理として噴出したものと考えられる」（『金融機関の破綻事例に関する調査 報告書』3 金融システム危機時のコール市場　加藤出）

流動性危機が生じる際の現場の雰囲気が生々しく伝わるものであり、のちのリーマン・ショックにおける状況と通じるものがある。

一方で、海外金融市場からの調達も厳しさを増した。当時の金融機関は、国内金融市場では十分な資金を調達できず、海外でのコール市場からも資金調達を行っていた。海外では、日本の金融機関への見方が厳しくなり、通常の市場金利より高めに設定されていた。これが、いわゆるジャパン・プレミアム（日本の金融機関が海外金融市場から資金調達する際、他国の金融機関より上乗せされた金利）である。

ジャパン・プレミアムは三洋証券の破綻時より上昇しはじめ、国際業務を多く手がける山一証券が破綻すると一挙に上昇を見せた。その後、一旦は低下傾向を示すが、山一證券破綻前の水準には戻らず、九八年に再び上昇を見せる。九九年の日本銀行のゼロ金利政策により、金融機関の資金調達の目途がつくことで解消するが、この間、日本の金融機関に対する海外からの評価尺度として注目された。

金融危機　⑤貸し渋りと貸し剥がし

最後に、銀行の貸し渋りと貸し剥がしについてまとめてみたい。

貸し渋り問題は九〇年代初めから問題視されたが、**図2－4**のとおり全国日銀短観における「資金繰りＤＩ」と「金融機関の貸出態度ＤＩ」を確認すると、後者で二つの大きな谷が確認できる。ＤＩとは、各種判断を指数化したものであり、資金繰りでは、「楽である」と回答した社数の割合から「苦しい」と回答した社数の割合を引いたものだ（金融機関の貸出態度は「緩い」から「厳しい」を引く）。

九〇年代初めの谷では、「資金繰りＤＩ」が低下するものの、まだプラス圏の状況下で、「金融機関の貸出態度ＤＩ」は大企業、中堅企業が大きく低下しマイナス圏に入っており、特に大企業の落ち込みが大きい。その後、九〇年代半ばにかけて大企業の資金繰りが悪化から改善に持ち直す一方、中小企業の資金繰りが悪化するが、この間、「金融機関の貸出態度ＤＩ」はプラス圏で推移している。そして、中堅・中小企業の資金繰りが厳しい状況のまま、九八年から「金融機関の

図２－４　資金繰り判断 DI（上）貸出態度 DI（下）

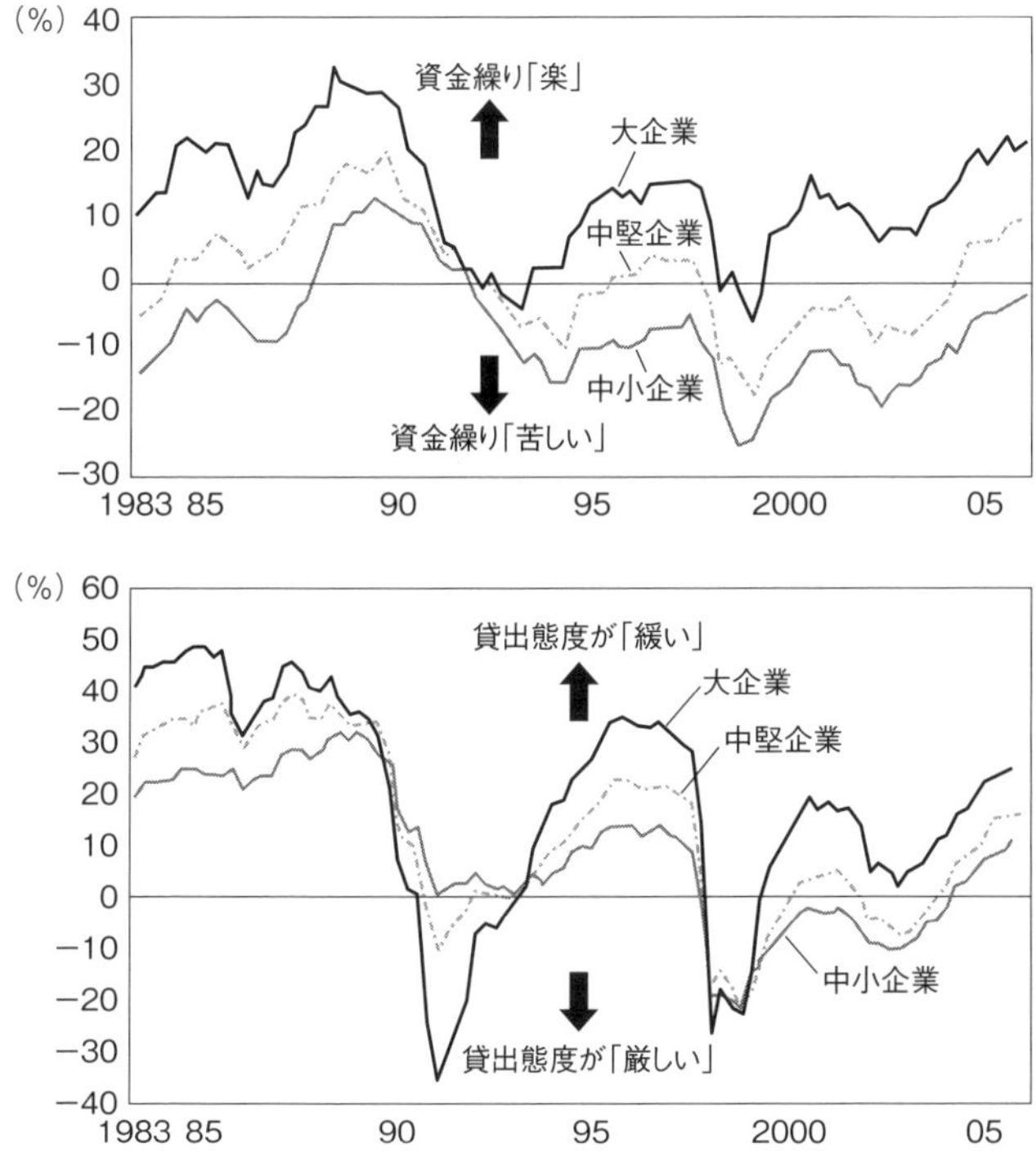

出所：日本銀行資料より筆者作成

貸出態度DI」が全規模企業で大幅に落ち込みを見せている。

金融機関側の状況を確認すると、まず、融資姿勢の変化が挙げられる。バブル期の行き過ぎた積極融資や甘くなった審査の厳格化・正常化の動きを見せたことにより、それまでの貸出基準では通らないケースが発生した。

次に、BIS規制の導入が挙げられる。BIS（バーゼル）規制は、国際決済銀行（Bank for International Settlements, BIS）による、国際業務を行う銀行に対する自己資本比率（自己資本／総資産）の国際的な基準である。

国際業務を行う銀行は、同基準を達成できなければ同業務を行えなくなる。同規制は、八八年に自己資本比率八％以上の維持が定められ、九三年（他国は九二年）から適用を開始している（これがバーゼルⅠ）。

同規制は、その後も改定され続け、銀行が抱えるリスク計測の精緻化を行った、バーゼルⅡが〇四年度に改定（〇六年度から適用）され、世界的金融危機後は、国際金融システムのリスク耐性を高めることを目的としたバーゼルⅢが一三年から段階的に実施されている。国際業務を行う銀行は、今後も同規制への対応が続く。

バーゼルⅠ導入が決まったことで、主要行は適用に向けた動きを開始するが、合意当時はバブルの最中であり、分母である資産（貸し出し）が急速な拡大を続けていたが、分子の自己資本に保有株式の含み益を加算できるという内容により、含み益の大きい日本の銀行は基準を超えられると見込んでいた。

ところが株価急落で、状況が一変し、基準の達成が怪しくなっていく。また、当時は大手行以外にも地銀など多くの銀行が国際業務に進出しており、当初の同基準採用行は九十行に及んでいた。株価の下落により、基準達成のために総資産の抑制、縮小による対応を余儀なくされ、これが、貸し渋りにつながった要因の一つとされている。

規制の強化と保守的行動

九〇年代初めの「金融機関の貸出態度ＤＩ」の落ち込みは、主にこの二つが要因であろうが、大企業に影響が大きく出た事由としては、急増したエクイティ・ファイナンスから一挙に借り入れや社債にシフトしたタイミングが重なったことも考えられる。

九八年の「金融機関の貸出態度ＤＩ」の落ち込みについては、前年からの金融危機による混乱の影響があるが、これに加え、九八年から導入された早期是正措置の影響も考慮される。早期是正措置は、金融機関の破綻へ向けた、早期発見、対応を目的としたもので、自己資本比率の状況により、当局が改善措置を発動するものであった。基準を達成できなければ、行政当局により是正措置が発動されるため、金融機関の貸し出し姿勢は慎重化することになる。

さらに、不良債権の新基準が示され、九八年三月期より各銀行が同基準の健全化を図ろうとしたことが考えられる。

九七年の大手金融機関の連続破綻を受け、株価の急落に加え、信用リスクあるいは市場評価を留意する気配が高まる中では、金融機関は早期是正措置や不良債権額に関し、より慎重に対応する傾向が広がり、それが貸し渋りや貸し剝がし心理を強めたと言えよう。

資金調達の多くを銀行に頼っていた中小企業への影響が大きく出たことは、特に留意すべき事象であり、その後の対応でさらに課題を残すことになる。不良債権問題処理の加速と厳格化が求められた結果、貸出姿勢の慎重化につながるという状況がそれであり、こうした規制と金融機関行動への影響は、リーマン・ショック後にも見られ、その運用の難しさを示している。

アジア通貨危機

この時期のもう一つの注目すべき問題が、アジア通貨危機である。タイから始まり、東南アジア、東アジア諸国に広がったこの危機は、アジア全般の経済に影響を与えた。日本においても、金融機関ではアジア向け融資の焦げ付きが多発し、アジアへの進出を積極化していた日本企業にとっても大きなダメージとなった。

アジア諸国では、九〇年代半ばまで好調な経済成長が続いていたが、中国の台頭（日欧米の生産拠点のシフト）などにより伸び悩みを示しはじめ、九六年にはタイでは初めて貿易収支が赤字に転じた。通貨危機以前は、アジアの各国はドルと自国通貨の為替レートを連動（ドルペッグ制）させていたが、九五年に米国が「強いドル」政策に動くと、これに連動して各国の通貨が上昇し、輸出の鈍化が見られた。また、資本の自由化が進み、各国の金融機関では、長期の設備投資資金等を海外からの資金調達により賄う方針がとられ、急速に資金の流入が高まったが、その多くが短期のドル建てによる調達（国内向けには現地通貨建ての貸し付け）であった。

経済と通貨の評価にズレが生じたこの状況について、通貨が過大評価されていると捉えたヘッジファンド勢が、九七年、タイバーツを皮切りに大規模な各国通貨の空売りを仕掛けた。アジア各国の外貨準備高は少なくこれに対応できず、変動相場制を導入せざるをえない状況に追い込まれ、その結果通貨が急落する。

通貨危機により、アジア諸国に投下されていた大量の資金（短期資金が主体）が急激に流出したため、各国の経済は自国通貨ベースでの対外債務の急増と企業債務の増加、不良債権の増加などの要因により大きく落ち込み、タイ、インドネシア、韓国の三カ国はＩＭＦなどから国際的支援を求めることとなった。さらに、ＩＭＦによる対応が、各国の個別事情を考慮せず、厳しい緊縮財政や金融政策を求めたために急激に経済を縮小させたとの批判も見られた。

アジアにおける通貨危機は、新興国への不安視に繋がり、九八年のロシア財政危機、九九年のブラジル危機へとつながる。ロシア財政危機においては、巨大ヘッジファンドであったＬＴ

ＣＭの破綻につながったことから、同社へ多額の資金運用を委託していた欧米を中心とする各国金融機関への影響も懸念された。

4 世界金融市場の混乱による経済の低迷
～リーマン・ショックでも繰り返された失敗

バブル以降の動向や、九七年以降の国内外金融機関および金融市場における混乱は、実体経済にも多大な影響を与え、長期にわたり大きな足かせとなることを示した。こうしたパターンは形を変え、欧米において繰り返されることになる。

ＩＴバブルとソフトランディング

米国におけるＩＴバブル形成と崩壊は、ＩＴ産業という局地的なものではあったが、米国の主に新興企業向け株式市場で九五年頃から盛り上がりを見せたＮＡＳＤＡＱの株価急騰と急落を生じさせた。九六年に、当時のＦＲＢ議長であったグリーンスパンは、低インフレが続く中での株式市場の活況について、日本を例にとり、「根拠なき熱狂」によって資産価格が過度に上昇し、長期にわたる予想外の景気収縮を招きかねない、と不安視する講演を行うが、その後も株価上昇は続く。

当時は、ＩＴ投資が労働生産性を高め、景気循環が消滅し、長期的な景気拡大（低インフレ＋低失業率）を生み出すという「ニューエコノミー論」が唱えられるなど、株価の上昇を後押しする声も多く見られた。しかし、相次いだ金融引き締めにより、二〇〇〇年以降にＩＴバブルは崩壊し、景気は後退局面に入る。

ＦＲＢは思い切った利下げを行うことで景気後退を短期にとどめ、その後も低金利を維持し、〇四年半ばに利上げに転じる。この時の対応には、過去の日本における事例を考慮し、企業のバランスシート調整を優先したという面がある。

住宅バブルの形成と証券化

しかしながら、この時の金融緩和と低金利の維持は、住宅価格の上昇を加速させることになった。すでに、サブプライムローン（信用力の低い消費者向けローン）の利用により、住宅購入者層の広がりと住宅価格の上昇が続いており、さらにキャピタルゲイン狙いの購入による住宅バブルの様相が見られ、上昇率の加速を危惧する声があったものの、この点についてはグリーンスパンの認識も遅れた。また、金融引き締めに転じた後も、住宅ローンに結びついている長期金利があまり上昇せず、その間に住宅価格が上昇し続けたことも想定外であった。

ＩＴバブルの崩壊により、株式や社債の引き受け減少に加え、規制緩和により商業銀行が投資銀行ビジネスに参入したことで競争が激化し、新たな収益を求め、各金融機関は証券化ビジネスの強化に乗り出していた。

最大のポイントは、サブプライムローンを裏付けとした証券化商品へ、欧米を中心に世界中の金融機関が投資していたことであろう。サブプライムローンは、主に住宅ローンを専門に扱う住宅抵当会社のモーゲージカンパニーにより実施され、その債権は政府系住宅金融機関（ファニーメイなど）や投資銀行等に売却され、そこで証券化され、投資家に販売された。証券化は住宅ローンに限らず、様々なローンで用いられていたが、さらにそうした複数のサブプライムローン証券化商品を集めた上で、再証券化した商品（ＡＢＳ－ＣＤＯ、ＡＢＳＣＰなど）を組成して資金調達に使い、それを元本にレバレッジを高めた投資を行うヘッジファンドも多く見られた。証券化し、リスクを外したはずの金融機関は、投資側として様々な形でそれら商品を購入しており、実際にはリスク分散にはなっていなかったのが実状であった。

サブプライムローン問題の発生と深化

この構図は、サブプライムローンの返済が順調で、住宅価格が上昇している場合には問題なく機能するが、返済が滞り、住宅価格が下落すると、逆回転の負の循環を示す。

相次ぐ利上げにより、米国の長期金利は〇六年頃から上昇基調に入り、住宅価格の伸び率も急激に落ち込み、サブプライムローンの延滞も増え始める。同ローンは変動金利型が多く、当初二～三年は低金利で据え置かれるが、その後金利が大きく上昇するという仕組みであり、低金利時期に借り入れされたローンが据置期間の終了を迎えたことも影響している。

こうした変調は、はじめにモーゲージカンパニーの破綻という形で〇六年の終わりから〇七年初めに顕在化し、その後、サブプライムローンから組成した証券化商品を大量に購入していた、欧米の多くの金融機関が損失を公表しはじめる。ベアスターンズ傘下の二つのヘッジファンドが、多額の損失を生じさせたことを発表し、続いて格付け会社が大量のサブプライム関連証券化商品の格下げを発表した。

欧州の金融機関でも問題が噴出しはじめ、ドイツのＩＫＢ産業銀行やザクセン州立銀行で損失が発表され、さらに、サブプライム関連証券化商品に投資した傘下ファンドに対する投資家からの解約請求に、フランスの大手銀行であるＢＮＰパリバが応じなかったことで問題が拡大し、ＢＮＰパリバでは取り付け騒ぎまで生じた（パリバ・ショック）。これにより、サブプライムローンの問題は金融システム全般の不安へと深化する。また、金融機関の経営不安が生じる中で、インターバンク市場への影響も見られはじめた。

リーマン・ショックとシステミック・リスク

〇八年に入ると、証券化商品に保証を付していた米国のモノライン会社に経営不安が生じる。モノライン会社とは、フィー（保険料）を取ることで、債券や証券化商品の元利償還が期日通りに行われない場合、債務者に支払いを行う保険会社であり、米国では債券市場に広く浸透している。

モノライン会社自体が高い信用力（格付け）を有することで、その保証を付した債券などの信用力が上がり、低金利での発行が可能であった。モノライン会社は、サブプライムローンから組成した証券化商品も保証対象としていたことから、債務不履行の急増により、会社自体の信用力が毀損し、それにより保証された債券等の信用力に影響することとなる。

〇八年にはベアスターンズがＪＰモルガンに救済合併され国有化が発表される中で、同年、大手投資銀行リーマン・ブラザーズが破産申請を行う（同日、メリル・リンチはバンク・オブ・アメリカに買収されることが発表）。

それまで大手金融機関は「大き過ぎてつぶせない（too big to fail）」あるいは「他の金融機関との関係が密接なのでつぶせない（too interconnected to fail）」ため、政府支援があると考えられていたが、この破綻により市場関係者の不信感が急速に高まり、短期金融市場が混乱する流動性危機となった。

欧米諸国の実体経済も住宅価格の下落に加え、原油価格の高騰もあり、個人消費が落ち込む中で、〇七年から後退局面に入っていたが、リーマン・ショックによる金融機関の機能不全から信用収縮が生じたことで深刻さが増し、金融機関が貸出態度を厳格化させたことによる影響が見られた。

欧米を中心に各国政府の経済対策や、大胆な金融緩和政策で当初の危機は乗り越えたものの、その後遺症としての各国の財政面の問題（ソブリン危機）へ関心が移行し、混乱が長期化することになる。〇九年にギリシャで財政の粉飾決算が露呈し、ギリシャ国債（ソブリン債）格付けが引き下げられ、財政破綻によるデフォルト予想からギリシャ国債が暴落したことで世界的に株価や為替相場が混乱した。さらに、財政赤字の国は他にも存在するために、更なる経済的混乱を危惧された事態がソブリン危機と言われる。

日本においては、国内金融機関がサブプライム関連証券化商品への投資が限定的であったことなどの理由から当初楽観論も見られた

図2－5　金融危機の波及メカニズム

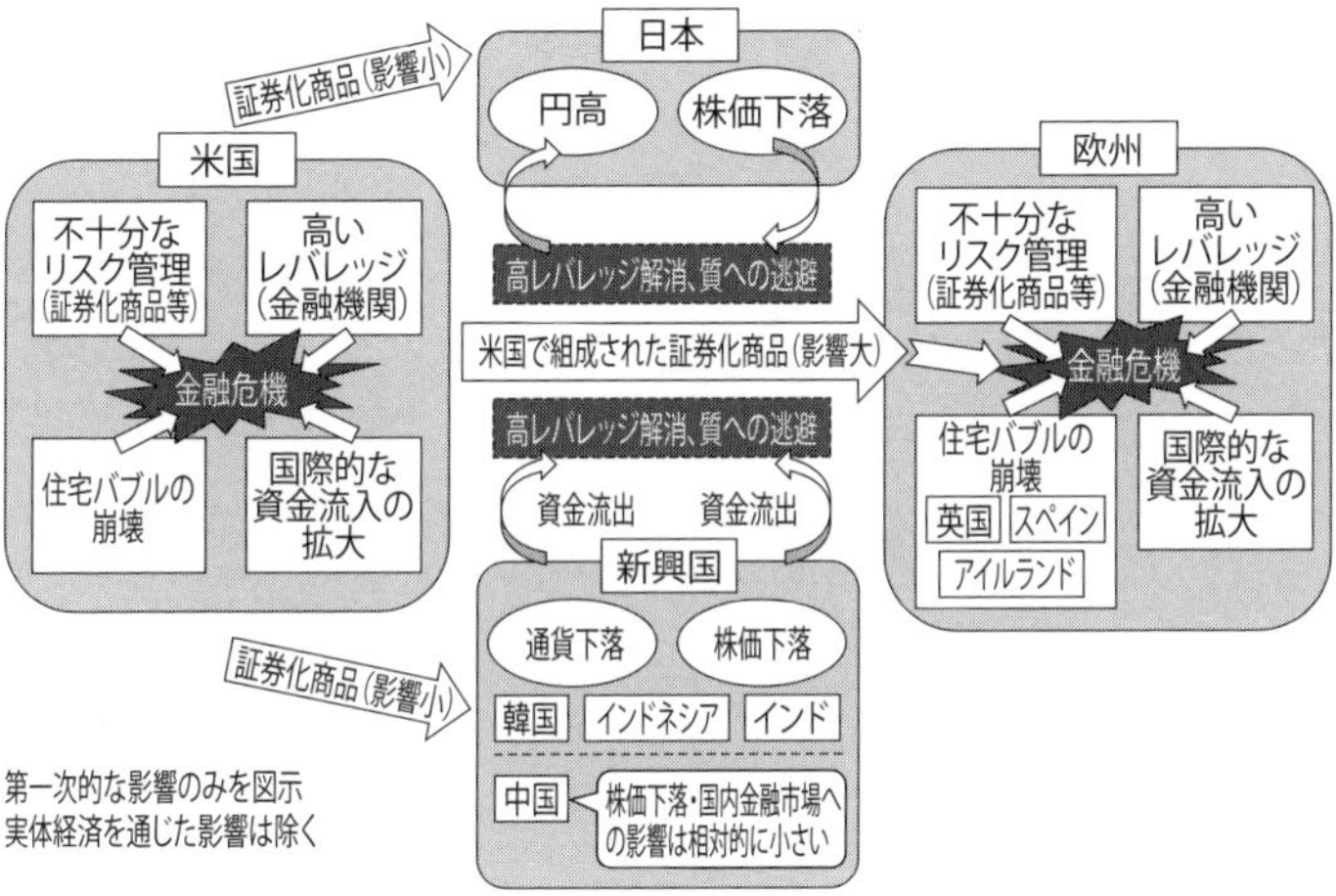

出所：「世界経済の潮流 2008年Ⅱ」より引用し作図

が、リーマン・ショックによる株価の暴落に加え、金融市場全体の問題（システミック・リスク）に及んだことで深刻化し、急速に信用収縮が生じた。さらに、大企業の短期資金調達の場であるCP市場においても、リーマン・ショック以降に、発行金利が急上昇して市場が急激に縮小する。また、世界経済の変調により、外需への影響が避けられない中で、震源地である欧米のリスクを避け、円が買われる動きが加速し、大幅な円高が生じて輸出企業の収益圧迫要因となった。

繰り返すバブルとその崩壊　～世界経済の同調性がもたらすもの

九〇年代後半の日本の金融危機や、サブプライム問題からリーマン・ショックに至る経緯は、その対象や規模に差はあるものの、①円高不況／ITバブル崩壊対応としての金融緩和等を背景としたバブルの形成、②当局による当初の問題把握の意識、③信用不安が高まる中での、大手金融機関破綻とその後のシステミック・リスク、④財政問題への影響、など共通点は多い。さらに規制緩和による金融機関の競争激化やショック前の欧米の好景気あるいは政治的な対応において、当初の金融機関批判から、システミック・リスク対応に舵を切らざるをえなくなった点など、日本と重なる面も多い。

百年に一度と言われたリーマン・ショック後の危機を乗り切れたことは、日本の先例が研究されていた成果とも言えるが、残念ながら予防までには及ばず、危機が認識された時点では

「日本のような長期低迷期に入る」という悲観的な論調が欧米で多く見られた。

石油ショックが「油断」であれば、信用膨張のバブルは「過信」と言える。何らかの異常性を感じ取れてはいながら、現状肯定論が多い中で決め手がないまま対応策を打てず、崩壊時に大きく混乱し、そして厳しい後遺症が生じる。

今日における世界経済の高い結びつきは、各国の景気の同調性を高め、主要国の経済面のショックは瞬時に各国まで伝播する状況下にある。リーマン・ショックの震源地である米国より、欧州の後遺症が深刻化したこともその証左であろう。この時は中国への影響が軽微であったことから、中国が世界経済の牽引役としての役割を担った（七〇年代の日本のように）が、現状では逆に中国経済の影響の大きさが懸念される状況となり、さらに世界経済の同調性が高まっている。

(1)　地価公示ベース
(2)　法人企業統計ベース
(3)　中北・西村教授グループ『金融機関の破綻事例に関する調査報告書』金融庁、二〇〇七年

第3章

現代の日本企業が抱える課題と展望

本章では、プラザ合意以降における経営状況の変化と戦略を含めた具体的な企業行動を確認しつつ、現代の日本企業が抱える課題と今後の展望をまとめてみたい。

前章において、金融市場の混乱について述べたが、企業業績の良し悪しは金融市場の状況だけですべてが決まるものではない。大企業には自前で市場から資金調達する道が拓けており、長期にわたる低迷と言われつつも、実際にそれがバブル期の不良債権問題のみに帰するわけでもなく、「失われた十年」の間に企業収益を伸ばした企業は多く存在する。

議論を始める前に、まずは、各データから産業の現状を簡単に把握しておこう。

銀行貸出残高は九〇年代半ば以降減少傾向にあり、二〇〇五年頃に増加の兆しを見せたものの、相変わらず企業向け貸し出しの割合（製造業に比べて非製造業が圧倒的に多くを占める）は低いまま推移してきたが、設備投資額自体は上昇基調にある。現在、製造業で検討しているのは、たとえば産業用ロボット分野を見渡すと、一八年時点で世界トップレベルのシェアを獲得している安川電機、ファナック（工作機器用CNC装置でもトップレベル）、川崎重工業がスイスABBやドイツ企業で中国家電メーカーミデア（美的集団）に買収されたKUKAとしのぎを削っており、これに不二越、エプソン、ヤマハ発動機らが追随している（日本のロボット国内出荷と輸出額総計［二〇一七年度］に占めるロボット売上額の割合は、ファナックが二五％、安川電機が一八％。「日本ロボット工業会」および各社「有価証券報告書」より）。

**図3－1　企業による設備投資額（上）と
産業別売上高営業利益率（下）の推移**

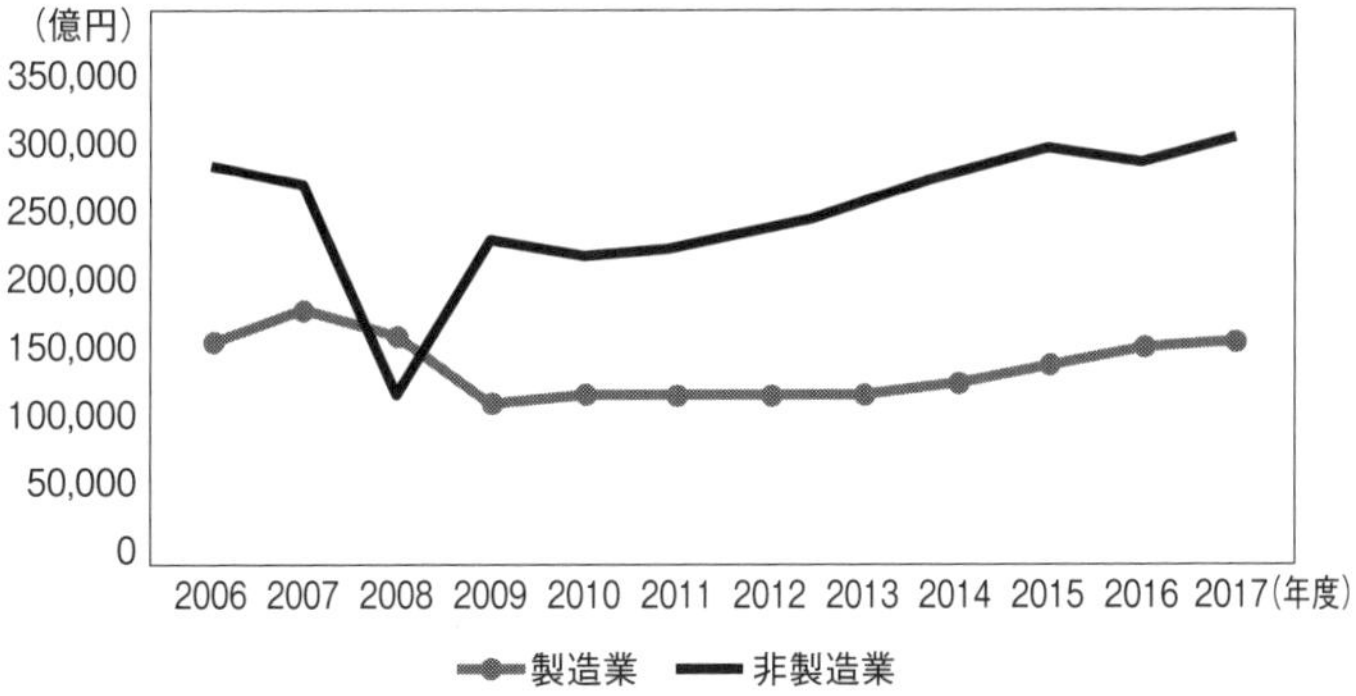

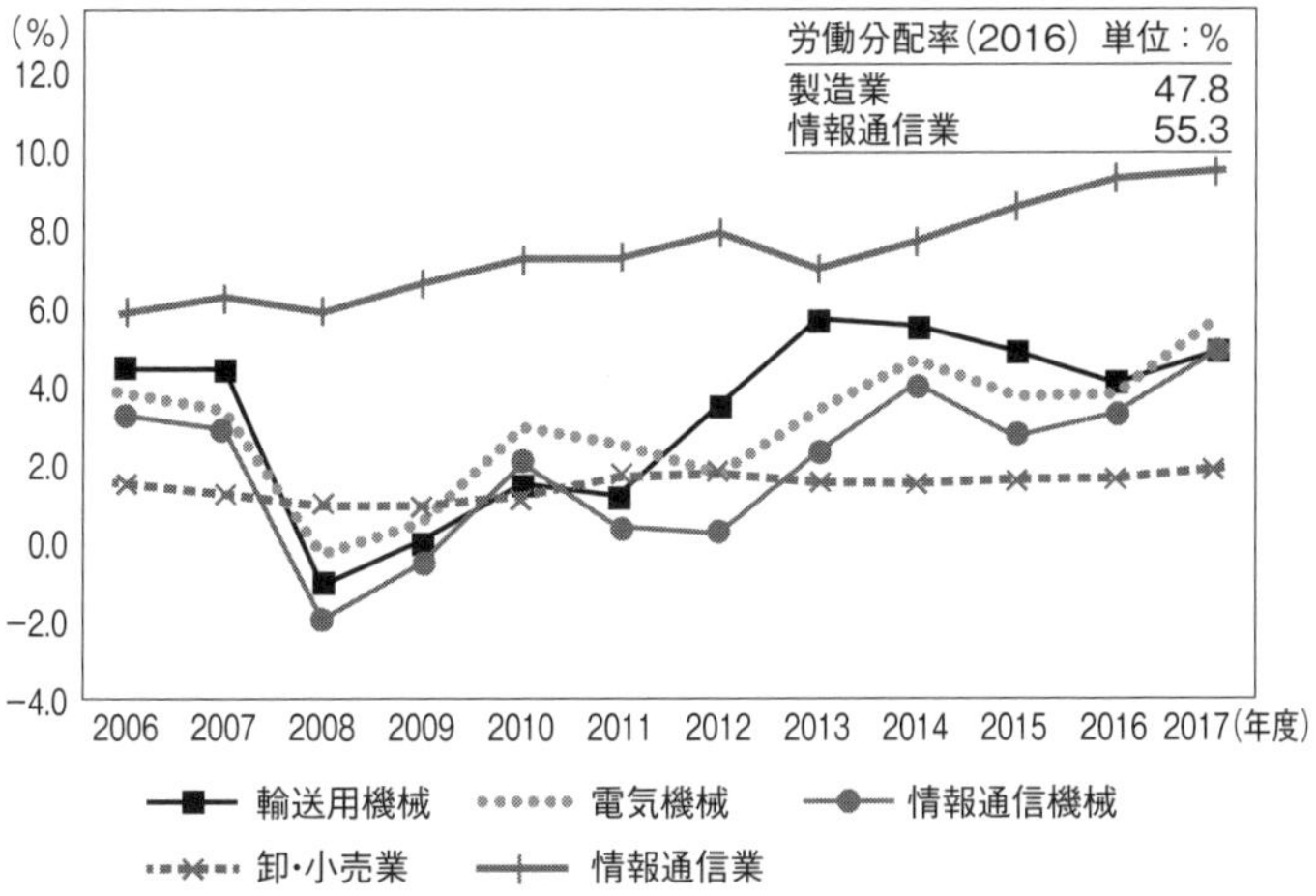

出所：財務省「法人企業統計」、経済産業省「企業活動基本統計」より筆者作成

二〇一七年時点で国内製造業はGDPの約二〇％を占める（内閣府「国民経済計算年報」）が、設備投資額において非製造業が圧倒し、大きな差がある。

5Gに代表される次世代情報通信競争をはじめ、今後この差は広がる可能性がある。さらに利益率を比較しても情報通信産業との差は歴然だ。付加価値額に占める人件費の割合が労働分配率だが、製造業と比べて、こちらも情報通信業が高い数値を示す。

米国や英国に比べて日本は、全就業者数に占める製造業比率が高いまま推移してきたが、製造業における労働生産性は年々その順位を低下させていることが分かる。また、先進国の中でも、一人当たりGDPが高くない反面、一人当たり労働時間が相当に長いことが特徴である。

次に貿易面の構成を見ると、GDPに占める輸出額の割合である輸出依存度を比べると、わが国の依存度はそれほど高くない貿易構造であることが分かる（二〇一一年に貿易収支は赤字に転落し、一六年には原油安に伴う輸入減少等で黒字回復）。

近年は貿易収支だけでなく、サービス収支にも注目すべきだろう。特に、「知的財産権等使用料」収支の「産業財産権等使用料」には、特許権やノウハウ・経営指導などに関わる使用料受取が計上されるが、海外生産化に伴う現地法人支払が増えるなど、この部分が順調に拡大し

図3－2　製造業の名目労働生産性水準（2016年）

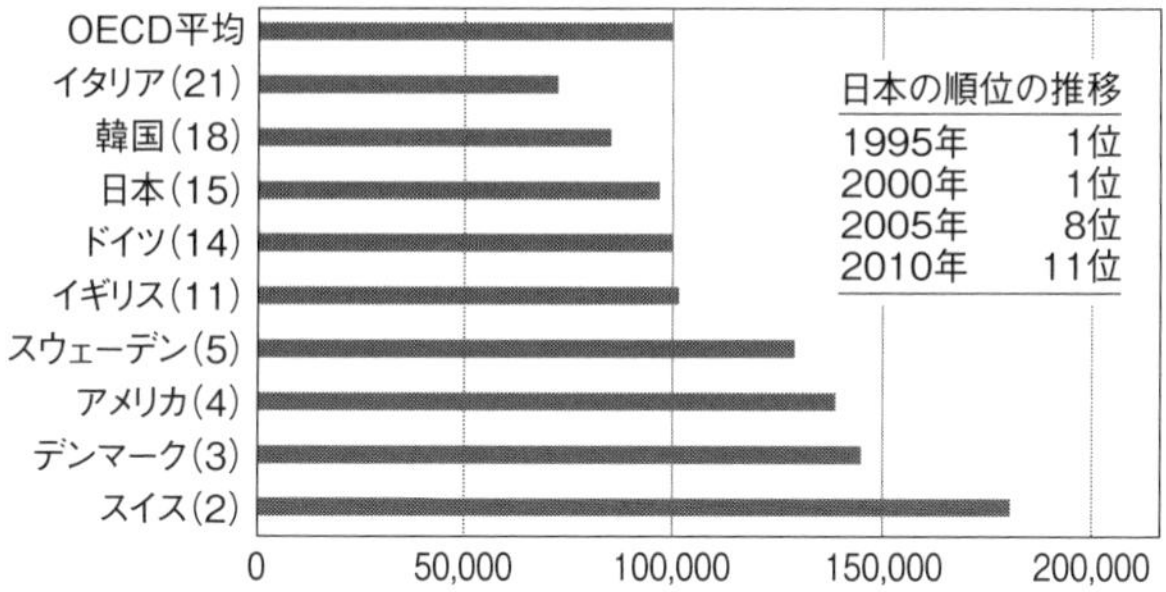

単位：US ドル　（　）内数字は OECD 加盟国中の順位

出所：公益財団法人日本労働生産性本部データより筆者作成

図3－3　輸出依存度の各国比較

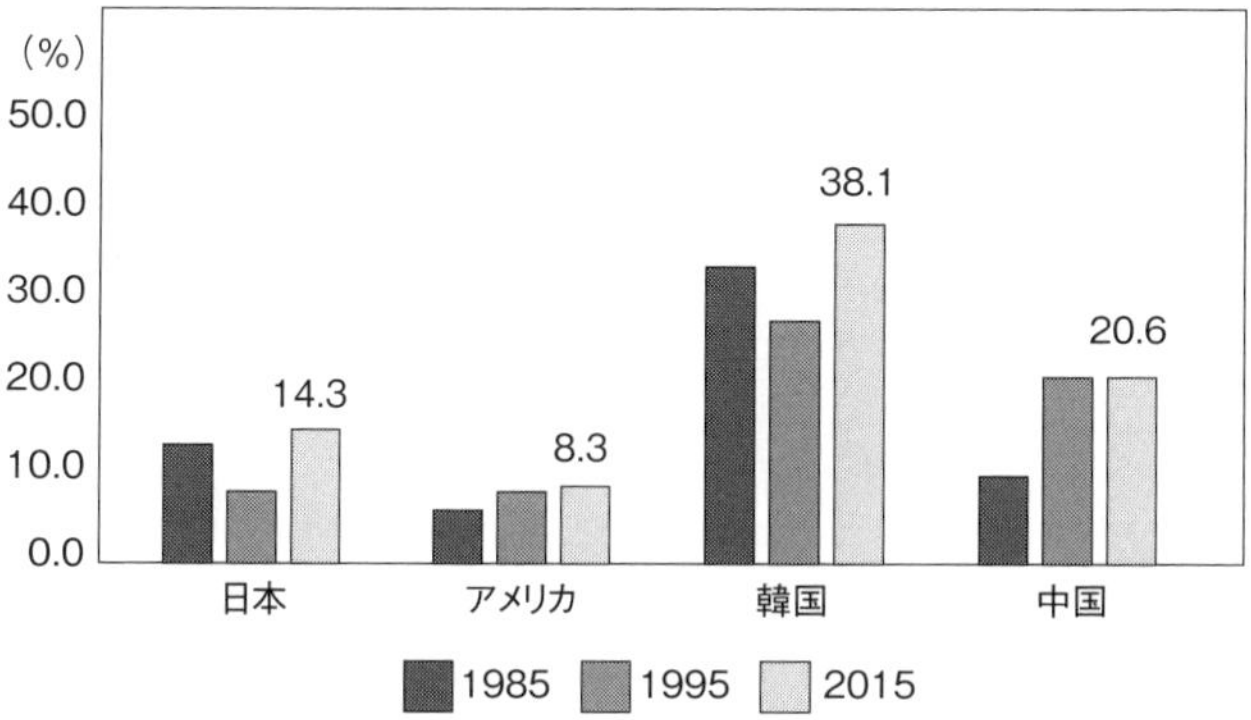

出所：IMF データに基づく総務省統計局「世界の統計」より筆者作成

黒字化に貢献してきた。

以上のような現状を前提に、次節よりこれまでの経営状況の変化に触れていこう。

1 国際分業と空洞化問題

(1) 影響は限定的だったプラザ合意直後から九〇年までの円高

プラザ合意以降、円高の進展、企業の海外進出が話題になり、八〇年代半ばから国内の「空洞化論」が盛んに取り上げられるようになった。この要因としては、それ以前も日本企業の海外進出は北米、NIES（韓国、台湾、シンガポール、香港）などへ直接投資が進んでいたが、プラザ合意以降の円高局面で加速した面がある。

また、業種別では、金額、件数ともに非製造業（商業、運輸などが上位）が製造業を圧倒していたが、この時期より製造業が直接投資を増やした面もある。しかし、海外直接投資の動きを見ても、まだ非製造業の伸びが大きく、金融・不動産といった業種の進出が顕著であった。

プラザ合意以降の円高局面の影響は、空洞化という点では限定的と言えよう。バブル経済下に移行する中、内需が好調になるに連れ、国内の生産設備は輸出向けから国内向けにシフトし、労働集約的で付加価値の低い製品は人件費の安いアジア地域、高付加価値分野は国内、という国際分業志向の浸透により、国内空洞化と呼べる状況は生じていない。

『工業統計』における八五年から九〇年の間の「従業者四人以上の製造事業所」の推移を見ると、事業所数は年毎に増減を繰り返し、四三万八五一八→四三万五九九七とほぼ横ばいであり、従業員数は一〇八九万人→一一一七万人へ増加、出荷額、付加価値額も大きく上昇を示している。工場立地動向調査では、立地件数はそれまでのトレンドを大幅に上回り、八九年には四〇〇〇件超に、雇用予定従業者数は一九万人に達している。

次の**図3－5**に示した輸入品の状況を見ても、プラザ合意から九〇年頃に輸入浸透度が急上昇してい

図3－4　対外直接投資件数

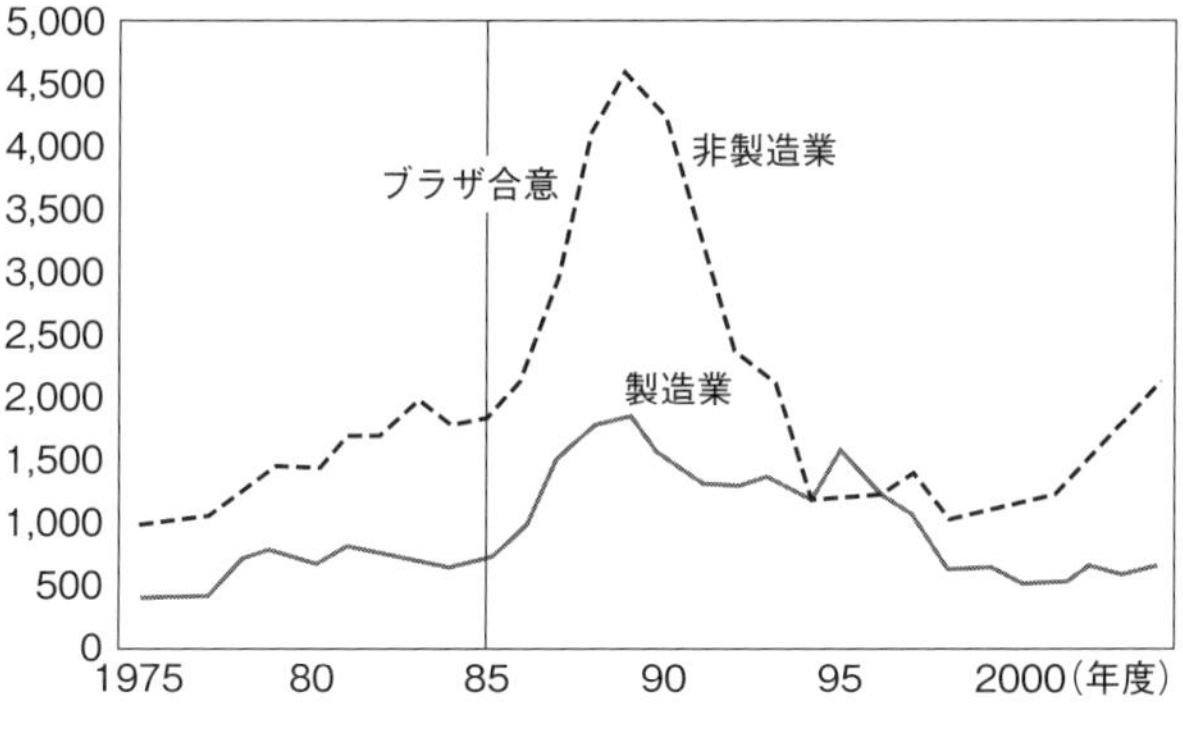

出所：ジェトロ資料より筆者作成

るのは非耐久消費財であり、輸入数量を見ても繊維や雑品が増加しており、バブル経済下の円高で高級ブランド品等が割安感から大きく数量を伸ばしていた。

(2) 空洞化問題が本格化した九〇年代 ～価格競争と国際分業の進展

本格的な空洞化問題が顕在化していくのは九〇年代の円高局面である。

九三年以降の円高局面で、海外直接投資が再び活発化していくが、この時期からその様相が変化していく。

まず、企業・家計ともに低価格志向が強まる中、割安感のある輸入品の購入が進み、資本財や耐久消費財の輸入浸透率が上昇している。また、この頃には八〇年代に進出した海外生産拠点における産業集積が進んで本格的に稼働しており、アジアからの供給能力も上昇している。さらに輸入品との競合が生じることによって、生産コストの引き下げを求めて、国内企業がさらにアジア地域へ生産拠点を求める動きが加速した面もある。国内に採算性・収益性の低い大量の設備が残る中、それを補うため海外での生産拠点を求めたと言えよう。

こうした状況から、海外直接投資の対象先も、北米からアジア、特に中国へと変化している。また、国際的分業生産の動きが加速し、従前の、資源を輸入し、自国で加工して付加価値をつけて輸出する加工貿易から、「高付加価値な資本財を輸出、海外から完成品（消費財）を輸入する」という方向に変わっていく。また、低価格の耐久財や資本財の調達も国内から海外へとシフトする。

ここで、先の「従業者四人以上の製造事業所」の九三年～〇一年の推移を見ると、事業所数は四一万三六七〇→三一万六二六七、従業員数は一〇八九万人→八八七万人と、期間を通じて減少を示し大幅な減少となっている。製品出荷額や付加価値額も、期間中で増加局面もあったものの、〇一年／九三年比で、製品出荷額▲七・八％、付加価値額▲一〇・一％と減少を示しており、工場立地件数も九〇年代を通じて低下傾向にあった。

もちろん、国内景気の大幅な落ち込みの影響をはじめ様々な要因があるため、空洞化という言葉で括ることには抵抗があるが、いずれにせよ、国内製造

図3－5　財別輸入浸透度

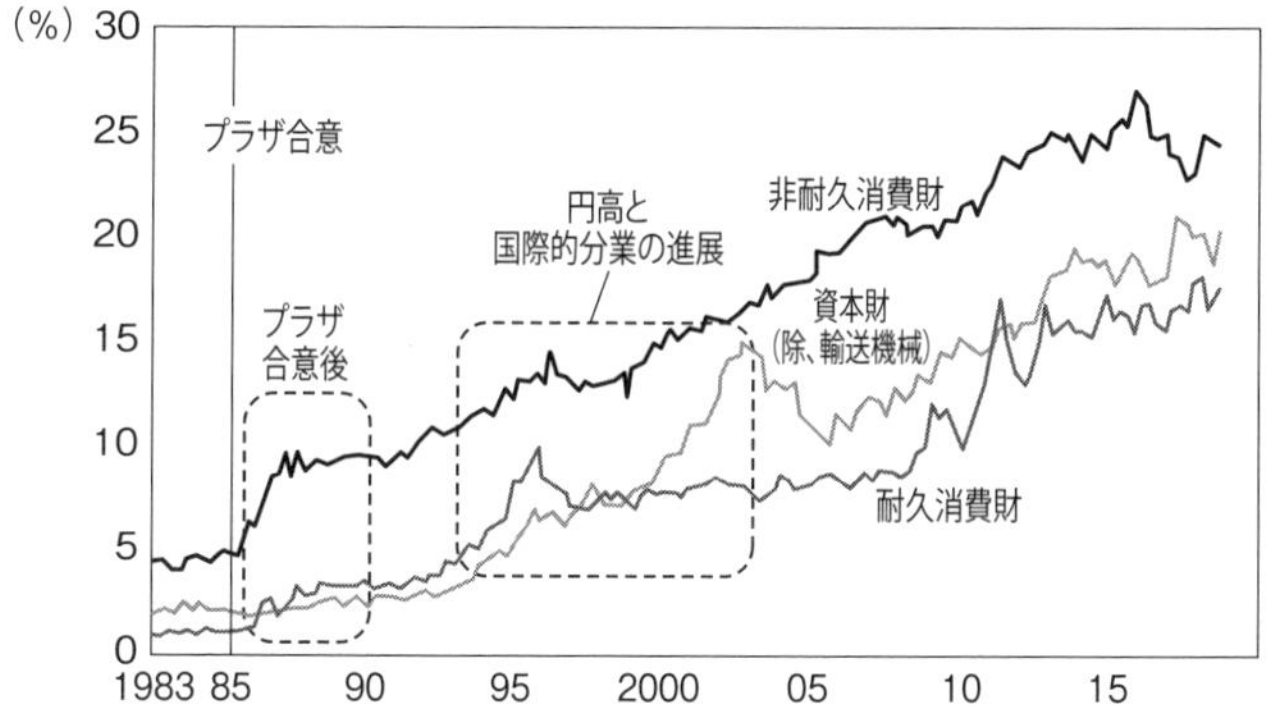

出所：「鉱工業総供給表」より筆者作成

業の低下という流れが生じた点で、九〇年代は大きな転換期であったと言えよう。

(3) 地産地消への意識の変化

九〇年代の急激な円高が招いた影響は大きかったが、アジア通貨危機の一時期を除いて、二〇〇〇年代に入っても直接投資の勢いは衰えず、為替の影響というより、むしろ円高を利用した海外企業の買収などが見られるようになった。

アジア企業の成長に伴う技術面でのアドバンテージの低下や、日本企業が得意とする高スペック製品が必ずしも市場開拓に直結せず、製品価格競争も強くなり、継続的なコスト削減の圧力が増す。中小企業も活路を見出すために、多くの企業が海外進出を図った。

さらに、アジア、中国といった新興国市場が成長を示す中で、特に中国が生産基地から消費市場へと急速に成長し、多くの企業が消費市場の近くに生産拠点を配置するスタンスを明確にする中で、国内市場の先細りを考慮した戦略に切り替わったと言えよう。

国内の製造事業所数は一貫して減少を続け、リーマン・ショック以降は大幅な減少を示した。また、工場立地件数もリーマン・ショックまでは持ち直しの動きが見られたが、やはりその後は大きな落ち込みを見せている。リーマン・ショックの打撃は大きいものの、一方で少子高齢化による国内市場への先行き不安や後継者難といった構造的な要因による判断が大きく影響している。

日本のグローバル出荷指数（製造業における海外現地法人の活動を表わす「海外出荷指数」と日本国内の製造事業所の活動を表す「国内出荷指数」からなる指数）の推移を見ると流れはより明確になる。

リーマン・ショック後は、グローバル出荷指数は横ばいから、やや上昇を示しているが、国内出荷指数の低下と海外出荷指数の上昇が顕著である。国内の鉱工業の活動と日系現地法人活動の比率である「製造業出荷海外比率」は三割を超え、海外比率が高まる。また、グローバル出荷のうち、海外市場に出荷される割合は、二〇〇〇年代前半は三割前後であったが、足もとでは四割を越えており、市場も海外へのシフトが確認できる。

図3－6　グローバル出荷指数

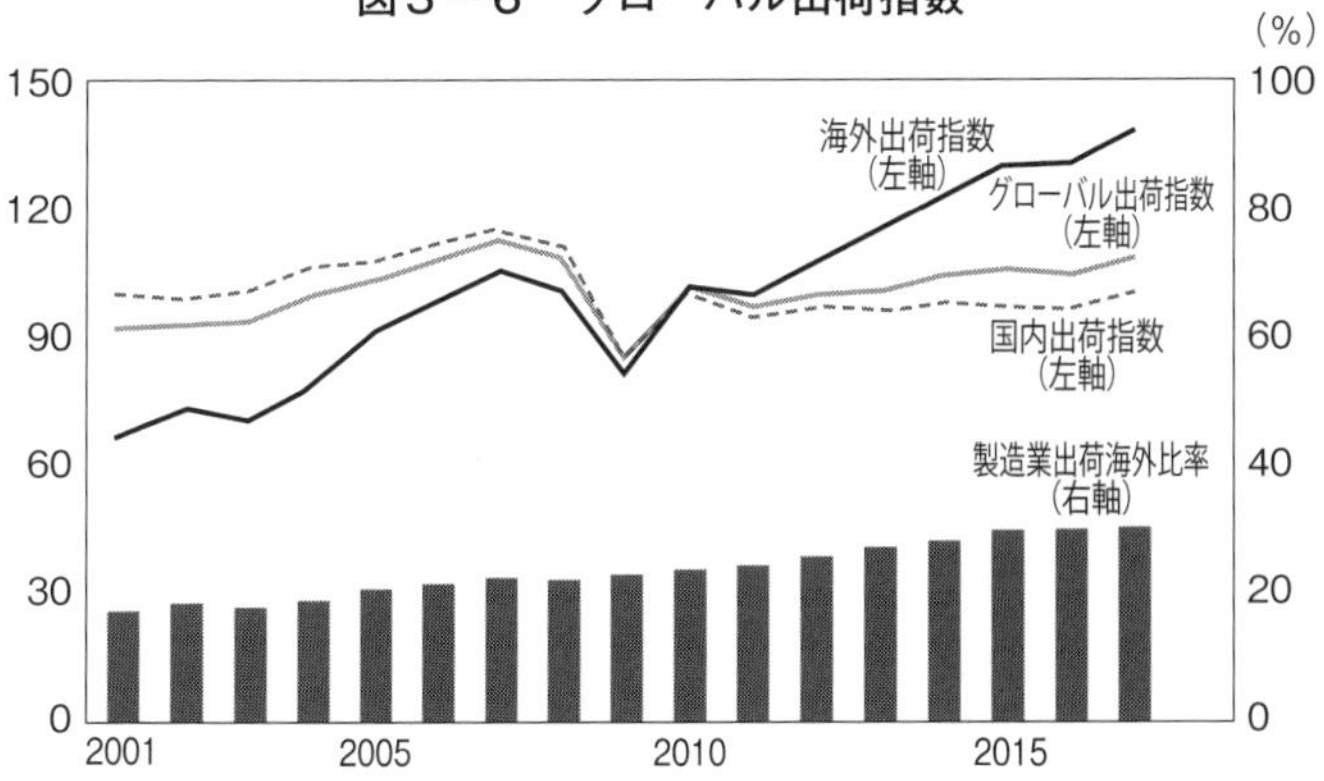

出所：経済産業省資料より筆者作成（2010年を100とした指数）

2 利害関係者の変化

九〇年代は、企業を取り巻く環境が大きく変化したが、中でもステークホルダー（利害関係者）の変化は大きい。それまでは、大企業であればメインバンク制をはじめとした銀行、企業グループの影響が色濃く、持ち合い株を通じ、企業に対し協調的な安定株主として存在感を示していた。この影響下では、たとえば、大企業が経営難に陥った場合、グループ系列のメインバンクから企業のトップが選ばれ、財務体質の健全化をメインとした対応を講じ、グループ企業の支援も行いつつ、中期的なスパンで経営改善が進められる。

ところが八九年に、米国人投資家がトヨタ系列の小糸製作所の株式二〇％を取得し、筆頭株主となり、役員受け入れや増配を求める投資家側と企業側が二年にわたり攻防を続けた。日本企業が海外から敵対的M＆A（合併・買収）が仕掛けられた最初の事例だが、この時は投資家側が保有株の高値引き取りを狙ったグリーンメーラーであるとして、国内では批判的な見方が多かった。

しかし、九〇年代を通じ、金融機関やグループ企業の持ち合い株の放出（制度変更による影響も大きい）が続き関係性の変化が生じた。さらにそれまで資金調達面で大きな役割を担ってきた銀行自体も変化せざるをえない環境下に置かれたことで、バブル時代のエクィティ・ファイナンスの隆興とは異なる意味で、大企業を中心に銀行離れが進んでいく。特に、不良債権処理問題が深刻化し、銀行自体にハードランディング的な対応を求める声が高まる中で、銀行側の大企業への対応も厳しさを増していったことは大きい。また、グループ内における経営支援の動きも、バブル崩壊後にはグループ内での取引強化が見られたものの、各社の経営が厳しくなる中で低下していくことになる。

九〇年代後半以降、東証一部企業や企業グループの有名企業が倒産、経営危機に陥る事例が頻発する中、金融機関、グループ企業の影響力が低下し、これとは逆に存在感を増していったのは海外投資家である。九〇年代を通じて、海外投資家の日本の上場企業の株式保有比率は上昇していたが、その流れは二〇〇〇年代に入ってさらに勢いを増した。リーマン・ショック後には一時的な低下

図3－7　投資部門別株式保有比率（市場価格ベース）

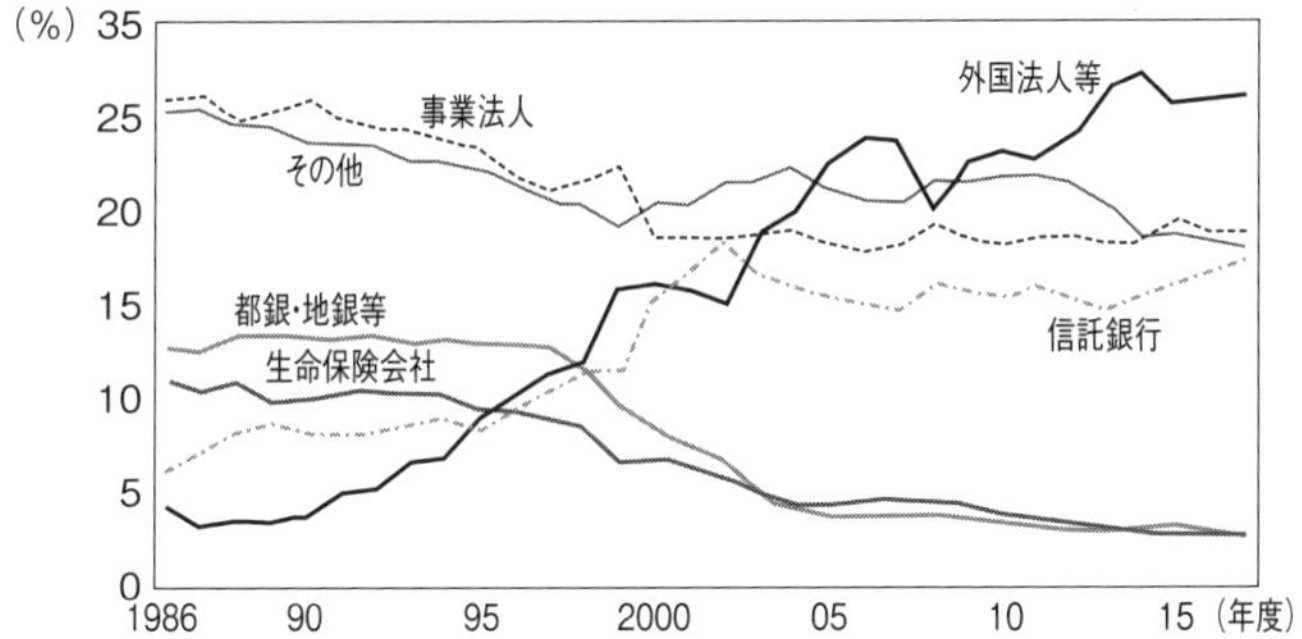

出所：日本取引所グループ資料より筆者作成

が見られたものの、その後は勢いが回復し、三〇%を超えるまでに至っている。

海外投資家は、「物言う投資家（アクティビスト）」としての側面があり、企業側に業績やガバナンス面で厳しい要求を行う。それまでは、中長期での経営改善を志向しがちであった日本企業にとっては、より短期での成果や株価および企業価値向上への対応を求められる面が出てきた。

東証一部に限れば、現状では海外投資家の売買シェアが七割に及んでいる。企業側は海外向けの対応を拡充しており、大企業を中心に利害関係者という意識すべき対象が大きく変化したことは企業行動にも変化を与えた。

3 企業戦略の失敗

九〇年代以降、減量経営の話が多く語られた一方で、個々の企業や産業全体で戦略ミスとも呼べる事例が多く見られた。バブル経済に隠れてしまった面もあるが、バブル期の失敗に追い打ちをかけるような経営判断ミスである。また、この時期に成長を遂げ、その後急速に失速していった事業分野もある。

自動車産業の九〇年代の苦境

日本を代表する自動車産業も九〇年代は苦境に陥った。バブル経済下、八九年には国内自動車販売数が七八〇万台という空前の水準にまで達し、高級車が売れるという状況の中で、各社は自動化工場を新設し、モデル数や同車種で多様な仕様を増やした結果、国内設備がダブつき、九三年以降の円高局面で輸出採算も悪化したことで、大幅なコスト削減を強いられることになる。

さらに、北米市場においては、ライトトラック需要の高まりへの対応が遅れる。この分野を開拓したのは日本メーカーであったが、プラザ合意以降、国内メーカーによる北米市場での(現地生産工場)進出が相次いだものの、この大半は乗用車向けで、ライトトラックへ注力した米自動車メーカーが成功することになる。この成功により、復活した米自動車メーカーは、その後グローバル展開を意識する動きを見せ、フォードはじめ、ビッグ4各社が各国の自動車メーカーを傘下に収める。さらに国境を越えたグローバルな再編劇が九〇年代後半以降に生じた。

国内メーカーにおいても、マツダがフォード傘下に入り、日産とルノーによるアライアンス、富士重工のGMグループ入り、三菱自動車のダイムラーグループ入りなどが相次ぎ、自動車業界では、年間生産台数が四〇〇万台に満たないと生き残りが厳しいという「四〇〇万台クラブ」概念が話題となった。特に、国内二位の日産が二兆円もの有利子負債を抱え経営難に陥り、ルノーにより救済された案件は、メインバンク制の崩壊と大企業のマネジメント課題の両面から取り上げられた。

しかし、こうした動きは、量産によるスケールメリットがあまり見込まれなかったことや、リーマン・ショックによる米国メーカーの変調などにより、徐々に資本提携は解消されていく。新たな資本関係も一部には見られたものの、グローバルな再編劇は急速に収束することになる。

そして、自動車産業はこの先、次世代自動車覇権を巡り、劇的な変化再編に見舞われる業界の一つである。

米エヌビディアやインテルによる自動運転向け半導体の覇権争いと同様、自動運転技術の標準化に向けた開発を視野に入れたグーグルやアップルは独自の車載OSを開発し、コネクテッドカー市場に参入している。これは米国企業だけにとどまらず、二〇一九年時点において、中国IT企業であるアリババ、バイドゥ、テンセントなども多くの国内外自動車メーカーとの間で地図情報を中心にコネクテッドカー対応で連携を進めている（車載OSや地図情報技術などに関して、日本企業は現在後塵を拝していることが危惧される）。

一方でトヨタは、高度安全運転支援システムと米配車大手ウーバー・テクノロジーズ社の自動運転キットにより周辺状況を同時監視することで安全性向上に努め、両社の自動運転技術を活用したライドシェアサービスなど協力体制を拡大している。そして、ウーバー社への開発投資はソフトバンクグループらとの共同出資形式でも実施され、国内においては、NTTグループとビッグデータ活用において連携するなど、次世代に向けた生産体制の再構築が進められている。

これに先立つ一八年にルノー・日産自動車・三菱自動車連合はAndroidベースの車載OS（次世代システム）の開発で技術提携を締結、これに対しトヨタは自動車メーカーが主導する形でLinuxベースのOS開発を進めてきた。各社ともIT企業と連携関係を強めつつも、自動車メーカーとしてはIT企業側にイニシアティブを取られることを懸念しており、自動車のスマホ化を回避すべく難しい舵取りを迫られている。また、トヨタは水素と酸素の化学反応により発電する燃料電池自動車（FCV）普及に向け、保有する関連特許技術の無償公開を一五年に発表した。これも、燃料電池市場において標準化を主導、促進することを念頭に置いた新たな試みであろう。

半導体産業の凋落

八〇年代に急速な成長を見せ、新たな主力産業と見なされた半導体産業も、九〇年代以降、失速を味わうことになる。日本の半導体産業は、米国市場でのシェアを急速に伸ばし、八〇年代半ばには世界の半導体メーカー上位に名前を連ねるまでになった。これは、官民の共同開発から企業戦略までがうまく機能したケースであるが、特に量産する半導体メモリの集積度を上げることで大きな優位性を保ったと言えよう。

半導体のケースでは、インテル創業者の一人ゴードン・ムーア氏による「半導体の集積密度は十八～二十四カ月で倍増する」というムーアの法則を技術開発の指針とし、この集積度を高める競争において、日本企業は勝利を収めていく。日本企業の優れた微細加工技術と巨額な投資により大規模生産設備、そして家電を筆頭に国内民生分野市場の拡大がこれを支えたと言える。

当時、日本の主要半導体メーカーは大手総合電機メーカーであり、半導体単独メーカーの米国企業と比較しても、大規模設備投資を支える資金調達が可能であり、自社製品への組み入れを通して、需要を満たすことが可能だった。

ところが、徐々に環境に変化が生じはじめる。米国市場においては、八四年以降、供給過剰状態が生じ、半導体市況が悪化した。半導体価格が急落する中、八五年六月に日本企業のダンピング攻勢を問題視した米国半導体工業会（ＳＩＡ）がダンピング提訴を行い、八六年九月に日米半導体協定が締結される。これにより、ダンピング防止（コストと販売価格の査定）について合意されたが、八七年には日本が同協定を遵守していないとして、半導体以外の特定の電気製品への一〇〇％の報復関税賦課が発表されるなど、通商問題がさらに厳しさを増した（協定は九一年に改訂され、外国製半導体の日本市場シェアを二〇％以上にすることが目指された）。

また、九〇年代に入ると、パソコンや情報関連機器が大きな需要を生み出し、MPUや通信用半導体が大きく伸びる中、価格変動の激しいメモリ（DRAM）に依存していた日本企業はこの流れを見誤る。CPU分野に注力していたインテルなどの米国半導体メーカーが躍進し、国内経済の低迷、急激な円高に日本企業が苦戦を強いられる一方で、DRAM分野においても韓国や台湾の半導体メーカーが成長を遂げていく。

迅速な意思決定に伴う短期間での商品化が強みのサムスン電子は、基本方針として、他社によって標準規格がすでに構築されている事業を選択し、その事業内において、いち早く業界を先導する技術トレンドを吸収した上で、コア部品に集中し大規模な投資を実施する戦略で競争優位を獲得してきたとされる。

かつての米自動車メーカーも、従業員に対する保険制度負担や相対的に高かった人件費によりその競争力を弱め、効率的な生産で高品質を実現した日本の自動車メーカーに競争優位を奪われた。その日系自動車メーカーによる自動車の米国内現地生産台数は一九九二年以降に対米輸出台数を上回ったが、今日わが国の輸出を牽引しているのは依然として自動車であり、**図3―8**の金額は二位半導体等電子部品以下の製品を圧倒している。そして半導体等電子部品の貿易収支は、〇八年〜一六年にかけて、二・一兆円から一・一兆円に黒字幅を縮小させている（ちなみにパソコンを中心とした電算機類は貿易赤字）。

これまで半導体のニーズは民生機器から、米国、アジアを生産拠点とするパソコンやその周辺機器用半導体の需要が拡大していき、半導体の需要も地理的にアジアのウエイトが大きく伸びていった。

九六年以降の半導体不況による大幅なＤＲＡＭ価格下落により、この分野に偏重していた日本メーカーは大きな痛手を負い、それまで保っていたシェアを落とし、その後も米国企業との差が広まり、さらにはアジア系企業にも差を詰められ追い抜かれたのである。

この要因としては様々な分析があるが、

（1）総合電機メーカーの一部門としての成り立ちは、初期の資金調達や需要面で大きなメリットを有したが、規模拡大に伴い、それは変化適応における足かせとなったこと。

（2）メーンフレームコンピューターや家電中心の時代から、パソコン・情報通信系中心へと

図３－８　対世界主要輸出品（上位２位）の輸出額推移

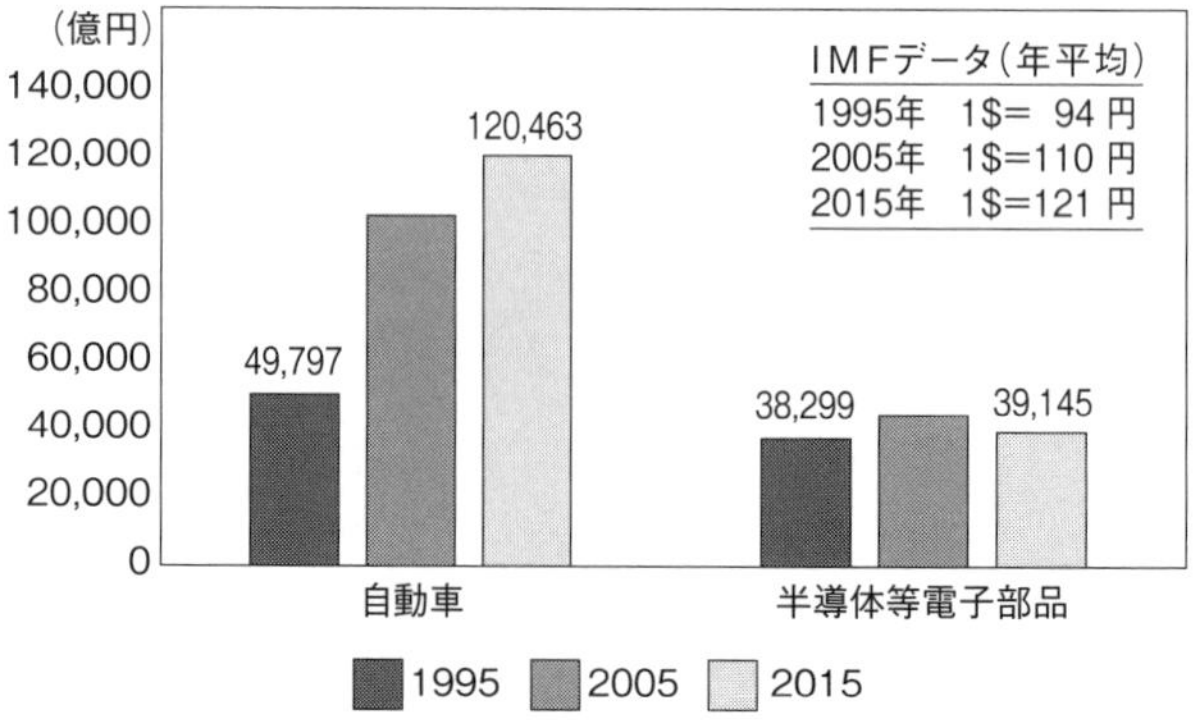

出所：財務省「貿易統計」、IMF データより筆者作成

移行した流れ、ニーズ変容の見誤りと対応が遅れたこと。

（3）横断的な動きが活発化した業界動向に対し、自前主義や技術至高主義的な生産に執着したこと（後述）。

といった要因が主要なものとして考えられる。

NEC、日立製作所、三菱電機の半導体事業（システムLSIなど）が部分的分社・統合された形で二〇一〇年に設立されたルネサスエレクトロニクスが車載半導体分野などで現在奮闘しているとはいえ、九〇年には世界の半導体市場シェア上位十社の半数以上を占めていた日本企業は、一八年においては一社もランクインしていない（米国企業が六社、韓国企業が二社、スイスとオランダ企業が各一社。Gartner調べ、二〇一九年一月付）。

なお、半導体素子の生産額（経済産業省「生産動態統計」）は、一九八〇～二〇一七年の間に約二・七倍増加している。

携帯メーカーの成長と撤退

その他にも、九〇年代半ばから急速に国内市場を成長させ、多くの大手電機メーカーが参入した携帯電話市場は、通信電話事業者（キャリア）の仕様にメーカーが合わせることで、国内では高スペックな機能を持つ製品（ハード）と、世界に先駆けた独自サービス（ソフト）を提供した。しかし、メーカー側の国際的な展開は成功せず、国内市場もスマートフォンの登場とともに急速にシェアを失っていった。

海外では携帯電話の周波数をオークション形式の使用権を売却する方式をとったが、日本では周波数は貸与方式をとり、投資額が抑えられた。当初は、その資金を設備投資や販売促進費に回すことで、技術面、市場開拓面ともに先手を取ることができたのであった。

一方で、第二世代移動体通信システム（2G）では、日本（PDC）、米国（cdmaOne等）、欧州（GSM）がそれぞれ異なる規格を採用していた（過去に韓国政府は国家主導でcdmaOneを標準規格にするために他の規格への二重投資を禁止している）。

このことは、それぞれの国や地域が、域内企業の保護育成を企図した側面があり、この規格争いで勝利したGSMについても、携帯端末の通信仕様をオープン化して普及を促しつつも、逆に基地局や交換機の仕様はクローズ化していた。GSMが規格争いに勝利した理由は、欧州全体の標準規格として策定されたため、国際ローミングが可能であったこと、安価で新興国が参入し易かったこと、欧州が積極的に採用を働きかけた（日本はPDC方式の特許利用を制限）ことなどが挙げられる。こうした規格争いで敗退した点も、日本が国際的な展開で失敗した要因の一つになろう。

また、国内市場が急速かつ巨大成長する中で、キャリア主導の開発・販売体制で利益確保が充分可能であったことから、日本側にリスクをとるインセンティブが弱かったこともある。

キャリア側の提供する多機能・多サービス戦略が国内市場で消費者に受け入れられていたことも、日本側の姿勢を肯定する材料であったと考えられる。

第三世代（3G）において、一応規格は統一された形となるが、国内メーカーの海外展開は芳しくないものだった。メーカー側がキャリアに納入し、キャリアが販売するという体制であったため、メーカー側がマーケティングのノウハウを蓄積できなかったマイナス面も推察される。国内ニーズと海外ニーズには大きな隔たりが生じ、国内では評価の高い高機能も、海外では過剰仕様と見なされた。そうした中で、スマートフォンの登場により、携帯電話自体の需要が全体的に低下していくこととなる。

大手携帯電話メーカーの撤退・統合が相次ぎ、国内メーカーの国内出荷台数も二〇〇〇年代半ばまでは四〇〇〇〜五〇〇〇万台（携帯電話＋PHS）を記録していたが、現状ではスマートフォンを含めても二〇〇〇万台を大きく割り込んでいる。こうした携帯電話メーカーの成長と撤退は、「ガラパゴス化」の典型事例として扱われており、国際標準をめぐる競争や技術と戦略のマッチングの難しさを示すものであろう。

ただし現在では、スマートフォン向けに電子部品を供給することに活路を見出す企業が健闘している。**表3−1**に記載した以外にも、振動モーター（日本電産）、コネクタ（日本航空電子）でそれぞれトップシェアを占める。ちなみに、村田製作所の二〇一二年度売上高のうち

表3－1　スマートフォン用主要電子部品と日本企業の市場シェア

製品名	市場シェア	製品名	市場シェア
チップ積層セラミックコンデンサ	村田製作所 40～45%	Bluetooth モジュール	村田製作所 50%
表面波フィルタ	村田製作所 50% 以上	アクチュエーター	アルプス電気 70～80%
デュプレクサ	村田製作所 50% 以上	CMOS イメージセンサ	SONY44%
セラミック発振子	村田製作所 65～70%	リチウムイオン電池	TDK40%
EMI 除去フィルタ	村田製作所 35%	インダクタ	TDK25～30%
無線 LAN モジュール	村田製作所 50～60%		

（以下は参考データ）村田製作所有価証券報告書より

コンデンサ	32.9%	通信モジュール	28.9%
圧電製品	11.1%	電源他モジュール	3.5%
その他	23.6%	販売実績額の構成比　村田製作所（H29 年度）	

出所：楽天証券作成 2017.9.1 付記事
（https://media.rakuten-sec.net/articles/-/2173）より抜粋

二〇％を対アップル向け取引が占めたという（『週刊ダイヤモンド』二〇一二年一〇月六日号記事より）。

村田製作所は二〇一八年度通期決算で、コンデンサやリチウムイオン二次電池事業などの好調を受け、通期売上高として過去最高の一兆五七五〇億円を計上している。

ソニーの苦戦

また、日本を代表する企業であるソニーも、二〇〇〇年以降は苦戦する状況が多く見られ、米アップルとの比較などにより多くの批評がなされている。ウォークマンで世界市場を席巻した同社は、その後も携帯音楽プレーヤー分野で開発販売を進めていたものの、アップルのｉＰｏｄ登場で同分野での存在感が低下する。かつてソニーの熱烈なファンでもあったスティーブ・ジョブズが、「ｉＰｏｄが存在する理由は、ポータブルミュージックプレイヤーの市場を造って独占していた日本の企業が、ソフトウェアを作れなかったから」と発言したことは大きな注目を集めた。

さらにｉＰｏｄ以降も、ｉＰｈｏｎｅが世界的にヒットする中で、ソニーの同カテゴリー製品は在感を示せず、機能やデザイン面において、アップルの革新性が取り上げられるに連れ、ソニーのリーディングカンパニーとしてのイメージがアップルに奪われた。こうした両社比較から、ソニーの苦戦を分析した解説は多岐にわたる。組織論（縦割り化や人事抗争）、企業文化の変化（創業精神、自由闊達さの喪失）、基礎研究の軽視（中央研究所の廃止が端的に示す短期志向）、ガバナンス問題などその見方は様々である。

ｉＰｏｄ的なものをソニーが作らなかった理由については、やはりトップ層のマネジメント能力に起因する戦略不全の問題に尽きると思える。コンテンツビジネスの将来性や重要性について、ソニーは充分に理解しており、八九年に米コロンビア・ピクチャーズ・インダストリーズを買収し、早い時期から米ＣＢＳと合弁音楽会社を立ち上げ、その後全株を取得している（現ソニー・ミュージックエンタテインメント、ＳＭＥ）。九〇年代後半から二〇〇〇年代初めにかけても、音楽のネット配信の動きを捉え、ＳＭＥは有料音楽配信サービスサイトを立ち上げ、アナログ音源をデジタルストック化し配信する「レーベルゲート」を国内有力レコード各社との共同出資（違法配信による著作権問題を危惧）により設立している。

グループ全体で見れば、ハードからソフトまでをカバーし、ネット配信の動向まで把握した対応を実行していた。しかし、当時CDの売上げが順調で、iPod登場後しばらくはウォークマンの売上数がそれを圧倒的していたこともあり、社内に危機感はあまりなかったと思われ、そもそも当時の音楽配信の主流であったMP3への対応も遅れていた（自社開発のATRAC3形式を独自に進めていた）。アップルが音楽配信サービスを開始してからも、ソニーは自社の配信サイトに限る方針を長く続けたのだ（著作権保護技術の使用料収益などの事情も予想される）。

これも、自前主義に偏った対応と言え、組織間での調整の失敗、さらには同社が業界基準を目指し失敗した側面もある。同社の自前主義へのこだわりはプレイステーション（PS）の成功体験の影響もあるだろう。独自開発したPSの成功により、ソフトのライセンス料などがその後の大きな収入源になることを、身を以て体験し、この成功体験とのジレンマの中で、覇権争いを諦めきれなかったことが推察できる。

端的に見れば、ソニーやかつてのシャープなどは明らかにプロダクト志向色の強い企業であった。そしてソニーではハイレゾなど現在に至るまでその傾向は色濃く残る。家電セグメントにおいて、業務用パソコンや美容分野にいち早く切り替えたパナソニックとは対照的な部分がある。過去のベータ対ＶＨＳ規格競争時代の構図がそのままに今でも感じられる。

いずれにせよ、同社の持つブランドイメージがアップルに取って代わられたことは、日本企業のプライドを傷つけ、自信を失わせたことは間違いない。

なお、日本企業における戦略の失敗という点で、顧客満足を実現する戦略に欠かせない要素として、嶋口充輝慶応義塾大学名誉教授は、①良い代替案の中から一つを抽出する選択性、②他社に対する自社の競争優位性、③投資発想（単なる設備投資にとどまらない）を挙げるが、これに加え、④効果に関わる本質部分を察知するための掘下げ性と、⑤経営資源および各機能・要素が相互補完し合いつながる有機システムとしての全体整合性（マイケル・ポーターの説く「フィット」概念にもとづく）の五つが重要であると考えている。

4　日本企業の経営課題

九〇年代以降、主力輸出産業であった自動車、半導体産業が苦境に陥る中で、これら産業との関連性を考えれば、他の産業界も大きな影響を受けることは避けられない。厳しい見方をすれば、高度成長以降、一時的な不況（調整）を経験しつつ二度の石油ショックや大幅な円高を乗り切ってきたが、輸出産業のリード役となる産業が交代する過程で、多くの成熟衰退産業が温存された。その実態は輸出産業が牽引し、その周辺の素材・部品産業がそれを支援し、成熟衰退産業はその恩恵と国内需要で存続してきたと言える。こうした構図は、九〇年代に大きな転換を迫られる。その後、新たな枠組みが模索されたものの、変化の舵取りができず今日にまで至る。

ここで、簡単に日本企業の経営課題をまとめてみたい。

（1）市場シェア偏重の是正

日本の横並び体質という特徴は、金融機関の例を中心によく取り上げられるが、この体質は各分野においても多く見られる。たとえば、メーカーでは設備稼働率を維持したいというマインドがまず先にあり、競合先は国内メーカーが多く、その中で熾烈な市場シェア争いが展開されてきた。

業界他社の動きを睨んだ行動や設備稼働率の維持は、それ自体が問題とは言えない。製品価格の低下や採算性の悪化以上に、工場停止等による稼働率引き下げコストのほうが高い場合もあり、稼働率維持が良い結果の場合もある。しかし、そうした行動が常態化することには問題がある。

特に、供給過剰下で製品市況が悪化している中では、命取りになりかねない。八五年の米国で生じたDRAM価格の暴落においても、日本企業の稼働率を維持する行動を問題として指摘する声があった。こうした行動は、市況の回復が遅れると不採算事業を長く抱える要因になる。収益性よりも製品出荷量と設備稼働率の維持といった判断は、あくまでも短期的な対応であって、中長期化することは極力回避する必要がある。

(2) 自前主義の見直し　～総合化と専業化の問題

また、市場シェア偏重に関連して、日本企業には得てして自前主義の傾向が見られる。製品を自社や関連会社で開発し、製造、調達までを自己完結する傾向が強く、他社からの調達やM&Aによる対応には消極的な傾向がある。

半導体企業の失敗要因の一つとして、先に「(3) 横断的な動きが活発な業界動向に対し、自前主義や技術至高主義的な対応に執着してしまった」と記したが、殊に半導体業界においては、製品生産面において大きな変化が進行していたのだ。

設計開発のみを自社内で行い、製造を社外に委託するファブレス事業モデルが台頭し、台湾のTSMC社がウエーハ製造のみを請け負う新しい事業モデル（シリコンファンドリー）を確立し、アジアではEMS（electronics manufacturing service）、ODM（Original Design Manufacturer）と呼ばれる受託生産を請け負う企業が急成長した。

一方で、日本企業は設計開発、製造、組み立てから販売までを一社で行い、この点を半導体メーカーの失速理由と挙げる声は多い。日本企業でも、後工程の労働集約的部分を下請け企業に外注してコスト削減を図ってはいたが、対するファブレス企業は膨大な設備投資を必要とする工場を持たず、研究開発や設計、マーケティングに特化し、ファンドリー企業は研究開発部門を持たない生産専門のため、この「ファブレス-ファンドリー」型陣営に対して、到底コスト競争に勝つことはできなかった。

こうしたファブレス企業の事例は、「水平分業型」として広く知られるようになり、日本企業で多く見られる「垂直統合型」に対し、今後のビジネスモデルとして注目を集めた。こうした変化は、半導体のみでなく、パソコン、スマートフォンといったIT系成長産業において特に顕著に見られた。

また、得意分野に特化した専業企業の躍進も、こうした流れを肯定するものとして捉えられる。パソコンで言えば、OSはマイクロソフト、CPUはインテルがそれぞれの分野を席捲し、スマートフォンにおいても、グーグルとアップルで相違はあるものの、ＯＳと製造分化における棲み分けは顕著であり、専業企業はそれぞれの分野で成功を収めている。

日本においても、前述のとおり、二〇〇〇年代に各社の半導体部門が統合し、専業メーカーが発足（システムＬＳＩへの注力など）したものの、事業の切り離しが十分とは言えないケースも多く（出身企業の持ち株比率が高いなど）、巻き返しまでには至っていない。

日本企業では、九〇年代の円高下にアジアへ生産拠点を移し、製造コストを下げる動きが急速に浸透したが、あくまでもこれは企業グループ内における垂直統合型の枠内で進められた面が強い。国際的生産分業体制へのシフトは進んだものの、水平分業への転換に至っていたわけではなく、円高策として、アジア各国企業との価格競争での一時的対応であったと言えよう。

（3）経済地理的な意識の欠如

九〇年代以降の日本経済の長期低迷要因として、様々な施策が示されたにもかかわらず、新産業の勃興が見られなかったことも指摘されている。特に米国で驚異的な産業を見せたＩＴ産業を引き合いに、それとの対比で、なぜ、日本にシリコンバレーのような存在が生成されないのか、といった議論が多くなされてきた。

シリコンバレーの成長は七〇年代以降から注目されており、その成長を支えたのは、起業家精神、分業化の進展やオープンな情報交換であった。多くのＩＴ企業の中から、独立、起業する人材が多数輩出されたのには、技術変化が極めて速い産業であるため、多産多死を肯定する特有の雰囲気のもとで、失敗を恐れず繰り返しチャレンジできる文化が醸成されていたことが大きい。こうした自生的秩序としての土壌や文化を、官主導で計画的人為的に本当の意味で根づかせることはそう簡単ではない。

そして、台湾、イスラエル、中国あるいはインドといった後発の新興企業群に遅れをとったことの反省点は多いと思われる。水平分業の進展は、こうした国々の企業群が支えたのであり、その背景にはシリコンバレーの移民起業家や技術者たちの存在がある。経済状態が悪く生活の厳しい国々から多くの移民留学生が渡米し、日本、欧州、韓国などの留学生が短期間で帰国する一方、彼らは米国にとどまり、起業を目指してシリコンバレーに集まった。そんな彼らが徐々に成功を収めていくのと同時に、母国の後進を育成していく。

その後、母国からの産業育成あるいは経済環境の改善依頼を受け、自主的に帰国し、自国で起業することになる。彼らは、シリコンバレーで築いたネットワークと培った技能を自国へ持ち込み、密接な情報交換を行いながら、産業発展と企業成長を成し遂げている。

いくつかの地域に第二のシリコンバレーが発芽したのは、本場シリコンバレーとのネットワークを活かして、それと強い連携を図る互恵的な取り組みによるところが大きいとの見方がある。そうして、各国にそれぞれ得意分野が絞られた新しい経済地域圏が生まれていった。

もちろん、日本企業もシリコンバレーに進出しているし、個人的にネットワークを有する人は多くいるが、これを産業全体の種として活かすまでには至らなかった。

(4) 経営方針と企業文化

従来までの日本型経営モデルの限界とそれを見直す改善案が数多く提案されるようになって久しいが、これにより今日の経営環境が劇的に良くなったかどうかは疑わしい。バブル崩壊後、多くの企業が最初にとった行動は、本業や原点への〝復元的〟回帰と呼べるもので、九〇年代前半は各企業創業者の訓話などがメディアでよく取り上げられた。内容としては、〝社会性・公共性〟を重視した企業行動を説く見解、論調が目立った。

しかし、九〇年代後半になると、その論調は「グローバルスタンダードへ向けた改革」へと変わっていく。当時、この言葉の意味合いとして背景にあったのは、アングロサクソン・モデルと呼ばれ一般均衡を重視する、米国的な市場主導型資本主義であった。ＩＴ産業の興隆とグローバリゼーション進展の中、米国の「一人勝ち」的な様相も呈したことから、こうした潮流は支持を集めていく。八〇年代後半に海外から賞賛された日本型経営は、十年後には悪しきモデルとして批判的な扱いに変わった。

もともと、八〇年代の日本型経営に対する高過ぎる評価を危ぶむ声もあったが、九〇年代後半以降の日本型経営の否定は、メインバンク制崩壊が現実化したことで、終身雇用、年功序列の是正に焦点が当たっていく。「グローバルスタンダードへ向けた改革」というテーゼの中で、雇用削減対象がホワイトカラーにまで及び、大幅な雇用調整が進められ、再構築を意味するリストラ＝人員削減のイメージが定着してしまう。また、正規社員数を抑え、非正規社員で対応する「人件費の変動費化」の流れも定着するようになり、制度面（労働者派遣法改正）でもこれを後押しすることになる。

結果から見れば、短期的には失業率の上昇を回避しつつ、企業のコスト削減に寄与したものの、長期的には非正規社員の大幅な増加、経済格差の拡大および消費購買力の減少を招いている。急激な企業経営の変化は、労働者側の意識にも影響を与え、当時、国内企業の技術者が、週末は海外企業で技術指導を行っていたという話が聞かれ、以後の海外競合先への大量の人材および技術流出へとつながる。

先述した利害関係者の変化もあり、短期的な収益向上を求める圧力は増したが、経営方針の急激な方針転換は構造的な問題を生じさせる。ガバナンス面において、米国型経営が必ずしも日本の企業文化に合致しているわけではなく、米国内でさえ従来までの米国型手法の見直し議論が起こっており、今後は根差すべき企業文化のもと、変化する範囲と保守する範囲を明確に定義し社内外に示す必要があろう。

5　創成のための展望

(1) 変化への柔軟な対応とその組織づくり　～自前主義偏重からの脱皮

日本のファブレス企業

国内工場と一貫生産体制の自前主義に固執したかつてのシャープに対して、ファブレス経営が台頭する中、日本企業でもこうした手法を取り入れ成功している企業がある。工場を持たない点では、任天堂やファーストリテイリングがその代表格であろう。半導体関連でも、任天堂向けのゲーム機用システムLSI（ASIC）を手がける日本初のシステムLSIファブレスメーカーとなるメガチップス（一九九〇年設立）や複数のベンチャー企業が立ち上がっている。

センサーや測定機器メーカーのキーエンスもファブレスの代表的企業である。製造面においては高度なノウハウ、ソフト面を同社が提供し、素材や原材料も基本的に一括購入した上で協力工場に加工、組み立てのみを依頼する。さらに、直販形式により、顧客ニーズを汲み取る対応を徹底し、高収益を保っている。

飲料メーカーの伊藤園も、原料茶葉の仕上げ加工は自社で行うが、飲料製品の大部分を委託工場で生産する方式をとっており、緑茶飲料市場でのシェアトップを維持している。同社は委託生産する一方で、「茶畑から茶殻まで」という理念のもと、原料調達、製造、物流、商品の企画開発、営業、販売にわたる一連のプロセスにおいて、環境および社会面での企業価値創造を目指すユニークなバリューチェーンを築いている。

アップルの動き

代表的なファブレス企業であるアップルは、二〇〇〇年代に入り、アップルストアの展開という直販体制を築くが、九〇年代の低迷期から生産の外部委託を進め、自社工場を閉鎖して外部サプライヤーに任せる手法へ切り替えた。

スティーブ・ジョブズによる「デジタル・ハブ」構想（テレビ、ＤＶＤプレーヤー、デジタルカメラなどをＰＣがハブとなり統合する）のもと、携帯音楽プレーヤーとしてｉＰｏｄが投入される。当初、メインはｉＭａｃなどのＰＣで、ｉＰｏｄはその補完的意味合いが強かったが、iTunes Music Store（ｉＴＭＳ）の立ち上げに伴い、ｉＰｏｄの売上げが急増し、Ｗｉｎ dowsにも対応したことで、iPodがその主体となっていく。機能の向上を図りながら様々なモデル、機種のiPodを毎年のように発売し、買い替え需要を創出する手法は、iPhoneなどの後継製品にも引き継がれることになる。

こうした新機種投入、モデルチェンジの短期サイクル化と急速な生産台数の増加を支えたのが、外部のサプライヤー群である。アップル社のデバイスや部品供給あるいは組立作業を行うサプライヤー企業の上位二〇〇社で実に同社の調達額全体の九七〜九八％を占めており（集中購買）、さらには多くの部材を自ら調達し、サプライヤー企業に提供していると言われる。また、同社の独特な製品設計に対応するための機材の開発に自らが深く関与し、切削加工機やレーザー加工機などの工作機械は、アップル自らが投資を行い開発し、サプライヤー側に貸与している（たとえば、部品数削減のメリットがあり高品質な加工を可能にする一方で、切削に長い時間を要する「ユニボディ」を作るため、それに必要な高額の工作機械はアップルが購入し、それを製造委託先に貸し出すため、多額の設備投資が行われた）。

アップルでは、iPhoneとiPadの間で部品が共通化され、絞り込まれた品種数での大量生産体制が基本となる。アップル商品群が世界的なシェアを持ち、ローエンド商品がない同社へのサプライヤーになることは、サプライヤー企業にとってメリットが大きい。

前述したように、アップル製品は独自性や新機能を付加していくことで、短期間での買替え需要を創出することを可能とし、そのための設備投資面、特に特殊な工作機械や検査機器などの開発は同社が多くの投資を行い、それをサプライヤーに提供する対応を行ってきた。サプライヤー側の供給能力を保つために、同社がサプライヤーに対し直接投資を行うこともある。日本でも一〇年に、当時のシャープにおけるスマートフォン向け液晶パネル用の生産ライン新設に際し、アップルが投資額の大半を負担した上で、生産したパネルを引き取るという支援を見せた。一方、設計や開発面では自社に切り替える転換を見せている。半導体の設計会社の買収や開発人材を集めることを進め、iPhoneなどに搭載されるアプリケーション・プロセッサなどの設計は自社で行う方針をとり、そのほかの中枢部分においてさえも今後は自社開発に切り替えていくと言われている。

このように、製造面で同社製品の独自性に対応する開発と製造設備への投資およびサプライヤーへの提供、またはサプライヤーへの直接投資や融資に加え、中枢部分の開発設計などを自社で行うことにより、厳密な意味での垂直統合ではないものの、大きな影響力を有している。

これと同時にサプライヤー企業に対しても社会的責任を要求し、〇四年にサプライヤー行動規範と責任基準を定め、毎年春には「サプライヤー責任報告書」を公表し、各サプライヤーが遵守しているかどうかを検証している。重大な問題が発見されれば、サプライヤー企業から除外される。また、〇八年以降、サプライヤー企業の従業員に対し様々な教育プログラムを提供していく一方で、新規サプライヤー企業を参入させ、これを成長させ既存のサプライヤー企業との競合を強いるというシビアな面も垣間見られる。

なお、自社開発に切り替えた領域では、これまでの関係を断たれるサプライヤーの事例もある。スマホ用のＣＰＵ（A11 Bionic）において、独自開発したグラフィックスへの切替えを実行し、同社にグラフィックスコンポーネントを提供してきた英企業が最終的には買収される結果となった。これまでも多くのサプライヤー企業が新規に加わる反面、既存のサプライヤー企業が外されており、同社が発表するサプライヤーリストが毎年注目を浴びる。

従前までは、このリストに東芝など日本企業が多く名を連ねていたが、近年では台湾企業が増加し、このほか中国企業の躍進が目立ってきている。

融合的に水平分業やファブレス手法の検討と導入を

一口に水平分業といっても、その手法は様々である。

ｉＰｈｏｎｅについても、パソコンあるいは従来の欧米系携帯電話産業と比較すると、ＯＳと端末とそしてアプリまでが一企業の制御下にある点で、垂直統合された製品と見なすことができ、「アップルの成功は垂直統合にこそある」のだと、当のアップル社側によって言及されている。

ｉＰｈｏｎｅはパソコンと日本の従来型携帯電話との中間に位置し、このポジショニング戦略が成功したということになる。グーグルによるＡｎｄｒｏｉｄ端末は**図３―９**で見れば、ｉＰｈｏｎｅより左側に位置する。同社も独自のクラウドサービス、コンテンツプラットホーム、ＯＳ、ハードウェアを持っている点から垂直統合モデルと言われる場合がある。

日本の代表企業ファーストリテイリングのユニクロも、ファブレス企業でありながら、ＳＰＡ（製造小売業）として、素材の調達と企画、製造、物流、在庫管理、店舗販売などを一貫して行う「垂直統合型」企業として紹介される。いずれもが水平的分業機能を巧妙に取り込んでいる点が共通している。

日本企業は、顧客ニーズに応える多品種少量製品への対応を早い時期から行ってきており、しかもその多くが垂直統合型方式で、これまでの自前で成し遂げてきた成功体験から、その方針を容易に変えることには困難が伴う。

しかし、国際的な競争が激化し、技術進歩のスピードが早く、逆に製品寿命は短くなる状況下では、従前の完全自前主義では対応やリスク負担が厳しくなる面もある。戦後の技術導入の経緯を見ても、足りないものを見極め積極的に吸収してきたことが、その後の成長発展につながっている。新興国が過去の日本と同様に、日本企業の技術を貪欲に吸収してきたことを再認識し、適切な潮流を捉え効果的に取り入れていく必要がある。

加えて、どの技術をオープンにし、クローズするかというオープンクローズ化戦略も重要さを増していく。この事例では、米インテルが、設計情報を受託生産企業に提供（オープン化）しつつも、CPUについては情報秘匿（クローズ化）を徹底していることが有名である。欧州系携帯電話の事例においても、携帯電話の仕様自体はオープン化しつつ、無線基地局の基幹ネットワーク・システムの部分はクローズ化していることが大きな成功要因である。こうした知的財産の戦略的活用は、今日多くの企業に浸透しつつあり、その前提条件と言えるモジュール化が進んでいる。

ここでオープン化の流れに関し、日本の自動車業界における、従前の「系列化」から脱却する風潮が確認できる。これまで下請け企業は特定の自動車完成品メーカーと専属的に取引を行うために設備投資を実施し、品質管理を徹底しながら生産あるいは開発業務の請負に特化してきた。そして

図3－9　パソコン・iPhone・携帯の構造比較

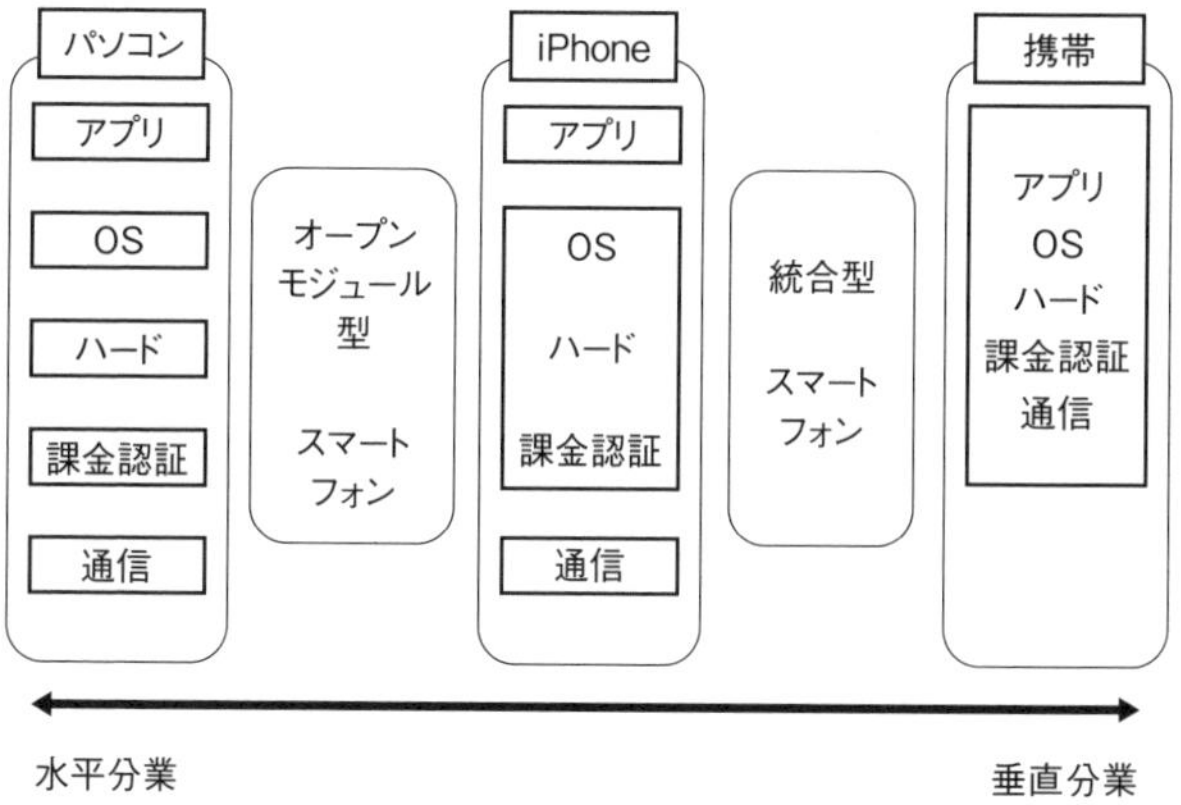

出所：総務省「情報通信白書」資料より筆者作成

消費者の嗜好に対応すべく車種ラインナップを増加させた事情は、下請け側の開発負担をより高めてきたが、昨今では部品の共通化も進展し、経済産業研究所における郷古（二〇一五）の調査によれば、取引のオープン化は進み、サプライヤー側が取引する納入先完成品メーカー数は増加傾向にあるという。なお、一〇年時点で取引関係のあるサプライヤーとの取引継続年数に係る比較において、継続年数が二十年以上にわたる取引先割合はトヨタが圧倒的に高く、日産は低いことを表わすデータも示されている。

(2) 独自性の高い有機的戦略の構築 ～小松製作所の事例

日本企業に対する評価は近年厳しいものの、依然としてその技術力への評価は高く、特許分野での存在感も高い。米調査会社クラリベイト・アナリティクスは、特許データをもとに知財・特許動向を分析し、世界で最も革新的な企業・機関を毎年一〇〇社選出しているが、日本企業は二〇一八年度三九社ランクインし、国別での最多受賞国となり上位を維持している。

現在、独自性の高い製品・サービスを提供している有力企業もある。

その代表例としては、建設機械メーカーの小松製作所が挙げられる。同社も、以前は半導体材料を核にエレクトロニクス事業を展開していたが、強みである建設・鉱山機械と産業機械に注力する方向に舵を切った。

同社は、〇一年より建設機械の情報を遠隔で確認するためのシステム「コムトラックス」の標準装備化を進める。車両システムにGPS、通信システムが装備されており、車両内ネットワークから集められた情報やGPSにより取得された位置情報が送信され、同社のサーバ側システムに蓄積されたデータを顧客に提供する。

元々は、盗難対策から発想を得たものだが、建機の現在位置・稼働時間・稼働状況・燃料残量・故障情報と多岐にわたるデータを把握し提供できるようになり、保守（各部品の交換時期、故障を防ぐ使用法のアドバイス）から債権回収（支払いが滞る場合は、警告・遠隔操作による機械停止が可能）にまで活用範囲が広がり、今も進化を続けている。

さらに一五年からは、労働人口や高度熟練技能者が減少する中で、建設現場の安全性・生産性の向上を目的として、「スマートコンストラクション」の導入を始めている。

これは、建設現場の全行程であらゆる情報をICTでつなぎ、安全で生産性の高い建設現場の全体最適化を図るソリューション事業である。

測量においては、ドローンによる高精度な三次元測量を短期に行うことができ、そのデータを活かした正確な施工計画を作成し、施工中でもリアルタイム進捗管理が可能になっている。予測困難な事態に対しては、現場監督の経験を人工知能に学習させることで、最適な対処方法を示す。また、これまでは作業員が進捗を目視確認していたが、三次元の施工計画データを搭載したＩＣＴ建機で進捗把握が可能になり、数々のセンサー情報で熟練労働者の技術を数値化し人工知能で学習させることで、オペレータの技術差を最小限に抑える。このほか、作業中止日が発生した場合、人員増減や搬出入トラックの再手配への適切な判断やドローンを活用し検査の短縮化を図るなど、建設現場の状況を一変させている。

このスマートコンストラクションのプラットフォームは、①「施工現場毎の建設生産プロセス全体の情報を収集し蓄積、解析する機能をもつ層」と、②「プラットフォームに蓄積されたデータを活用して生産性向上および現場の安全に寄与するアプリケーションを提供する機能をもつ層」の二層で構成されている。施工会社の要望に応じて、①の機能によるデータをアプリケーションプロバイダーに提供するオープンプラットフォーム＝「LANDLOG」を他社と共同で立ち上げている（ＮＴＴドコモ、ＳＡＰジャパン、オプティム）。建設生産プロセス全体のあらゆる「モノ」のデータを集め、プロバイダーがソリューションアプリを開発し、これを建設現場のユーザーに提供することを図っている。

同社は、他社が暫く追随できない商品・サービスを提供することで、価格競争やコモディティ化を回避する戦略をとり続けている。ベンチャーを含め、積極的にＩＣＴ技術を持つ他企業との協業を図りながら、先述した革新的企業一〇〇社にも選ばれている。

こうした戦略性を他の日本企業は参考として分析を行い理解した上で、独自の戦略を講じていかねばならない。

事業再編による構造改革を早くから実行し、〝ＲＯＡの向上〟に努め、グローバル人材を競合他社から獲得するなど、重電業界の中で健闘しているのが日立だ。鉄道や電力事業で培った制御運用技術（オペレーショナル・テクノロジー）を武器に、ＩｏＴ化に必要な機能をクラウド上で提供し、様々なパートナーと技術連携・協創が可能な産業向けＩｏＴプラットフォーム（ＩｏＴ化を一企業が単独で進めるより効率的となる）分野に現在注力している。その一方で、当初先行していると思われた米ＧＥの本格派ＩｏＴプラットフォーム「Predix」（ＮＥＣや東芝が提携）は普及せず、現時点で独シーメンス「MindSphere」の後塵を

図３－10　売上高に占めるR&D費比率およびROAの各社比較

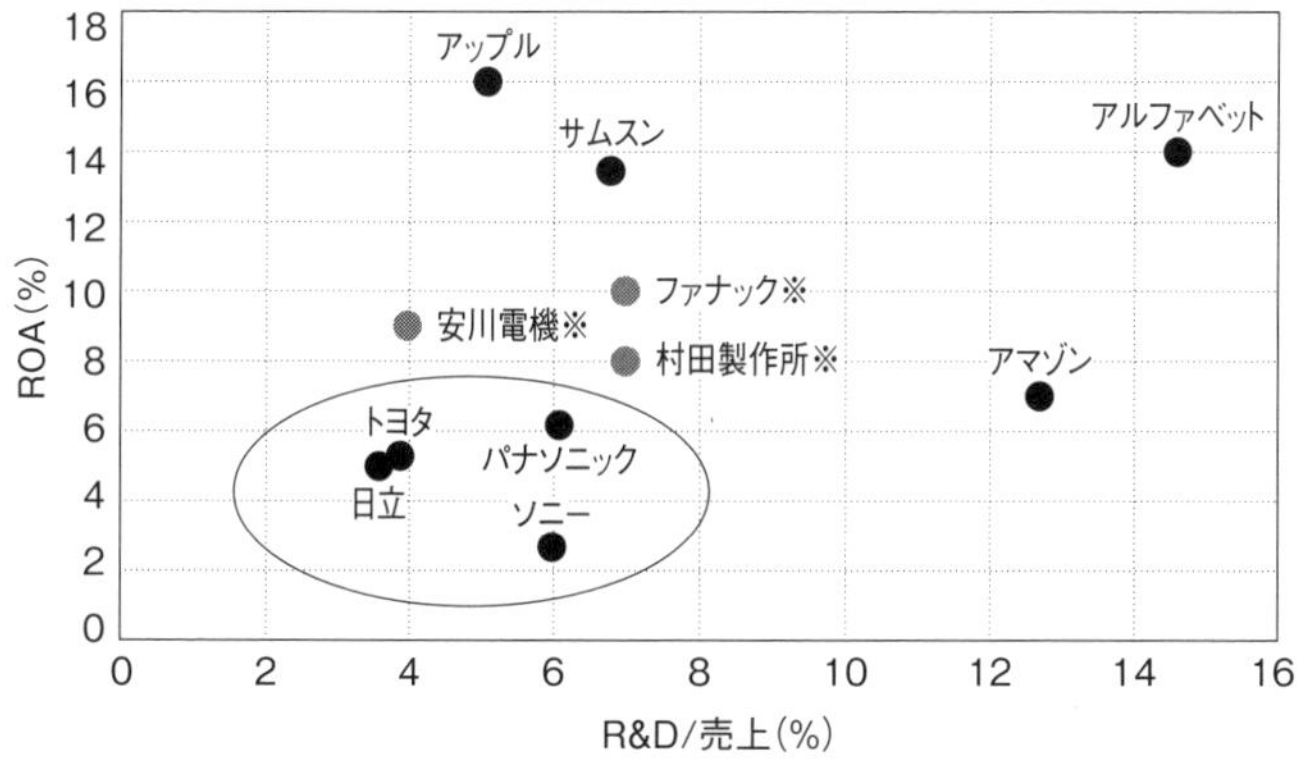

出所：各社資料（2018年３月期、国外企業は12月期決算）およびPwC Strategy& 社資料（※印除く横軸値：2018年６月）を基に作成

拝しているが、さらに産業向け市場にまで参入してきたＩＴ企業や新興ベンチャー企業の存在感も増す。

これらライバルたちに対していかに同分野で優位性を築けるのか、資本効率を一層高める努力も継続しつつ、日立を筆頭に日本企業（ファナックや安川電機など産業ロボットメーカー含め）による今後の動向が注目される。

（3）ＧＶＣ深化の中で

近年では、国際的生産分業の進展により、「グローバル・バリューチェーン（ＧＶＣ）」の概念が浸透している。「モノ」の貿易という概念から、「価値」の貿易がどうなっているかという見方である。複数国にまたがって財やサービスの供給・調達が広まる状況の中、アップルの事例で言えば、これは各国のサプライヤー企業の取り分に関わるものだ。

アジア開発銀行の二〇一〇年調査によれば、〇九年当時でのｉＰｈｏｎｅ小売価格五〇〇ドルの内訳において、日独韓の各企業が取り分の多くを占め、同製品の最大生産／輸出国であった中国企業の取り分の低さが指摘され、組み立て作業行程の付加価値が低いことが示される。

付加価値構造を示すスマイル・カーブで言えば、事業プロセスの川上である「商品開発や部品製造」と川下である「メンテナンス・アフターサービス」の収益性は高いが、中間の「組立・製造」行程では低くなるという示唆の典型例とも言える。iPhoneの場合、かつては日本企業の部品製造での寄与が大きかったが、近年は中国企業による高付加価値分野への進出が高まっている。

こうした中で、高付加価値部品の製造ポジションを保つことは重要課題だ。GVCの進展は、他国の技術向上（技術流出にもよる）を促すために競争は激化しており、革新性のある製品を作り出しても、それが他社からキャッチアップされる期間は短くなってきている。研究開発費の面からも日本は米国、中国に差をつけられており（科学技術研究費の対GDP比は韓国が高く、日本は研究費の政府負担割合が極端に低い）、一部の企業を除き、総花的な事業展開、従来の垂直統合的なア

図3－11　日・米・中・独の研究開発費総額の推移（名目額：OECD購買力平価換算）

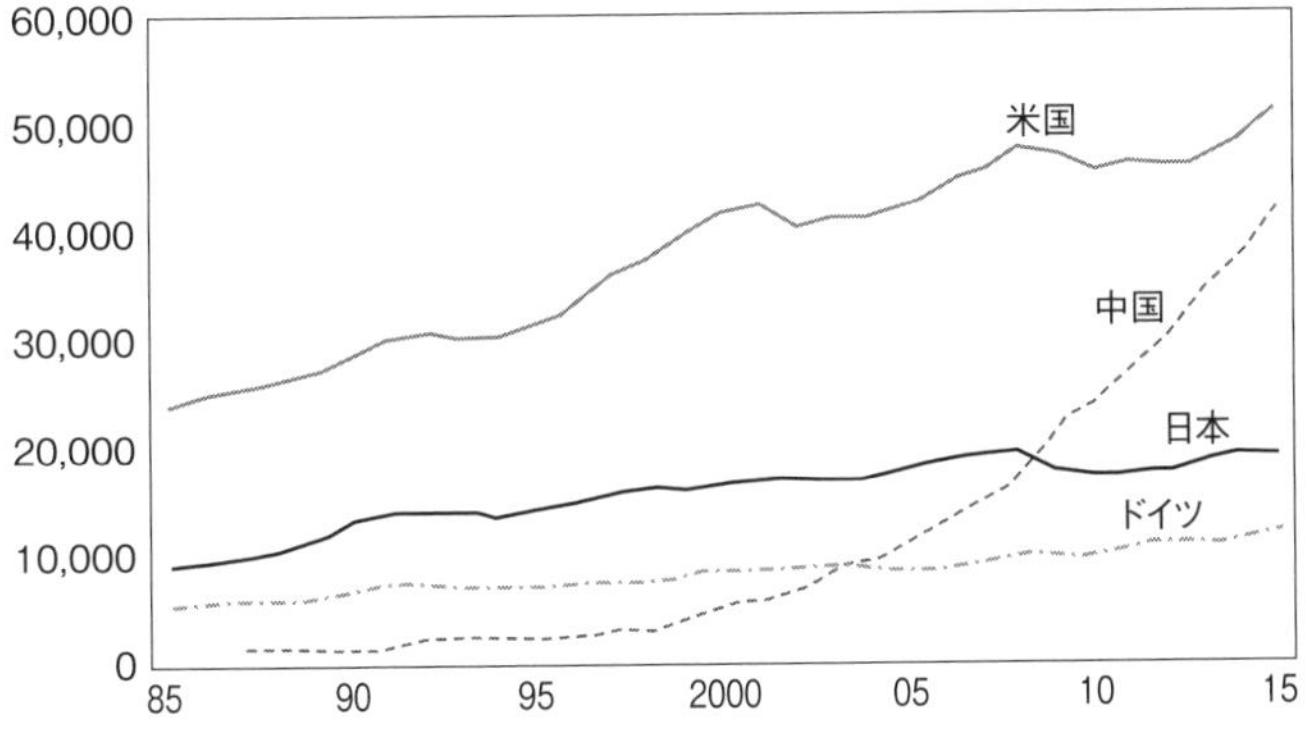

出所：文部科学省 科学技術・学術政策研究所「科学技術指標 2017」を基に筆者が加工・作成（単位10億円）

プローチではより弱体化していく可能性が否めない。ただ一方で、円安時にも日本企業が海外企業に対し積極的にM&Aを行う風潮も伺え、自前主義にとらわれ過ぎず、様々な技術ノウハウや人材を外部から取り込んでいく試みが求められる。

最も収益性の大きい川上（開発）、川下（アフターサービス、メンテナンス）で競争力を持つことが肝要だが、これを長く維持することはさらに難しい。携帯電話市場では、九七年まで世界首位であった米モトローラ社がデジタル化に遅れ、その後は衛星電話サービスに乗り出すもののこれもうまく行かず、二〇一一年にグーグルに事業売却された（その後、グーグルも一四年にレノボに売却）。同じく一一年までシェア・販売台数で世界首位を獲得していたノキア（フィンランド）は、スマートフォン戦略で失敗し、一三年にはマイクロソフトに同部門を売却し、今は通信インフラ事業に特化している。日本企業のみならず、海外企業においても業績維持が困難であることを示す例は枚挙にいとまがない。

自社の強みを活かしたコア領域を見極め、築き上げたポジションを守るための継続的な取り組みが不可欠となる。

コラム

～日本のモノづくりにかつての勢いがなく、サムスンなど海外新興メーカーに追い抜かれた真の原因はどこにあるか～

元㈱東芝ＰＣ＆ネットワーク社　ＰＣメカ技術担当グループ長　嘉悦大学非常勤講師
富岡　健太郎

一九九一～二〇一〇年までの十九年間、筆者は東芝でノートパソコンなどの情報機器の開発に携わり、ノートパソコンの栄枯盛衰の歴史に立ち会った。日本の製造業衰退の原因はビジネスモデルをアップルのような製造を外部に委託する水平分業にシフトできなかったことと言われているが、本コラムでは現場視点で真の原因について若干の考察をしてみたい。

1　世界市場から姿を消した日本のＩＣＴ(Information and Communication Technology)メーカー

東芝のノートパソコンは一九九四年から二〇〇〇年まで七年連続で世界シェア一位を獲得し、世界で確固たるブランドを築いたにもかかわらず、その後業績は徐々に悪化して赤字事業に転落し、昨年

表1　世界の主要ICTメーカーの経営状況

企業名	従業員数	売上高（$百万）	純利益（$百万）	総資産（$百万）	純利益／売上高(%)	純利益／純資産(%)	売上高／従業員数	純利益／従業員数
アップル（米国）	123,000	$229,234	$48,351	$375,319	21.1%	12.9%	$1,863,691	$393,098
サムスン（韓国）	320,671	$211,940	$36,575	$281,906	17.3%	13.0%	$660,927	$114,059
Huawei（中国）	180,000	$89,311	$7,021	$77,584	7.9%	9.0%	$496,172	$39,004
Dell（米国）	145,000	$78,660	-$3,728	$122,281	-4.7%	-3.0%	$542,483	-$25,710
Sony（日本）	117,300	$77,116	$4,430	$179,305	5.7%	2.5%	$657,425	$37,765
Panasonic（日本）	274,143	$72,045	$2,130	$59,166	3.0%	3.6%	$262,801	$7,771
LG（韓国）	74,000	$54,314	$1,527	$38,510	2.8%	4.0%	$733,973	$20,631
HP（米国）	49,000	$52,056	$2,526	$32,913	4.9%	7.7%	$1,062,367	$51,551
Lenovo（中国）	54,000	$45,350	-$189	$28,494	-0.4%	-0.7%	$839,815	-$3,506

（出所）Fortune Global 500, 2018（http://fortune.com/global500/）より筆者作成

二〇一八年六月にシャープに売却され、東芝はパソコン事業から撤退した。

現在ノートパソコン市場を席巻しているのはHP（米国）、Dell（米国）、Lenovo（中国）であり、スマートフォンについてはサムスン（韓国）、アップル（米国）、Huawei（中国）などである。日本のメーカーは携帯情報機器の世界市場から姿を消してしまった。

表1に二〇一八年の世界の主要ICTメーカーの経営状況を示す。ノートパソコンについては二〇一〇年頃をピークに生産量が減少に転じ、斜陽産業化していることから

トップメーカーであってもHPを除いて赤字に転落している。現在業績が良いのはスマートフォンメーカーであり、アップルとサムスンが売上げ、利益ともに突出している。特にアップルは従業員一人当たりの純利益ではサムスンの三倍以上、日本メーカーの十倍以上も高く、文字通り桁違いの差が生じている。

2 日本のモノづくりにかつての勢いがない理由

モノづくりがデジタル化・モジュール化によって新興国でも可能となった状況において、日本の製造業のビジネスモデルが、製品の開発から生産・販売を単一の企業（グループ）で行う垂直統合から、各工程を別々の企業（グループ）で分担する水平分業への対応が遅れたことが原因と言われている。これらのビジネスモデルについては、スマイルカーブと呼ばれる製造業の収益構造（**図1**）が分かりやすい。

図1の横軸は研究や企画から始まって販売からアフターサービスまでの機能別、かつ時系列の工程を示し、縦軸にその付加価値を表わすと、スマイルカーブを描くというものだ。製品企画やアフターサービスは付加価値が高く儲かるが、組立製造工程は儲からないということを意味する。ところが、

日本のメーカーが認識している利益構造は逆スマイルカーブとなっている。

二〇一二年の『モノづくり白書』によれば、アップル製のスマートフォンｉＰｈｏｎｅ４の売価六〇〇ドルに占める付加価値は、企画・研究・開発・設計に特化したアップルが二七〇ドルと四五％を占め、組立製造を行う中国は六・五ドルで一％、一部の部品供給を行う日本は〇・五ドルで〇・一％に満たない。単なるモノづくりから得られる付加価値が低下し、製品設計・付随サービスが重要な位置を占めるようになったとしている。携帯情報機器において世界市場から姿を消した日本メーカーの役割は、モノづくりについては人件費の安い新興国に、儲けは米国に行ってしまったというわけである。

米国の製造業はかつて自動車を筆頭に垂直統合型のビジネスモデルであったが、一九八〇年代以降は石油と自動車以外は水平分業型にシフトしている。上記に示したＨＰ、Ｄｅｌｌ、アップルなどのメーカーは工場を持たず（ファブレス）、付加価値の低い

図１　製造業の収益構造（スマイルカーブ）

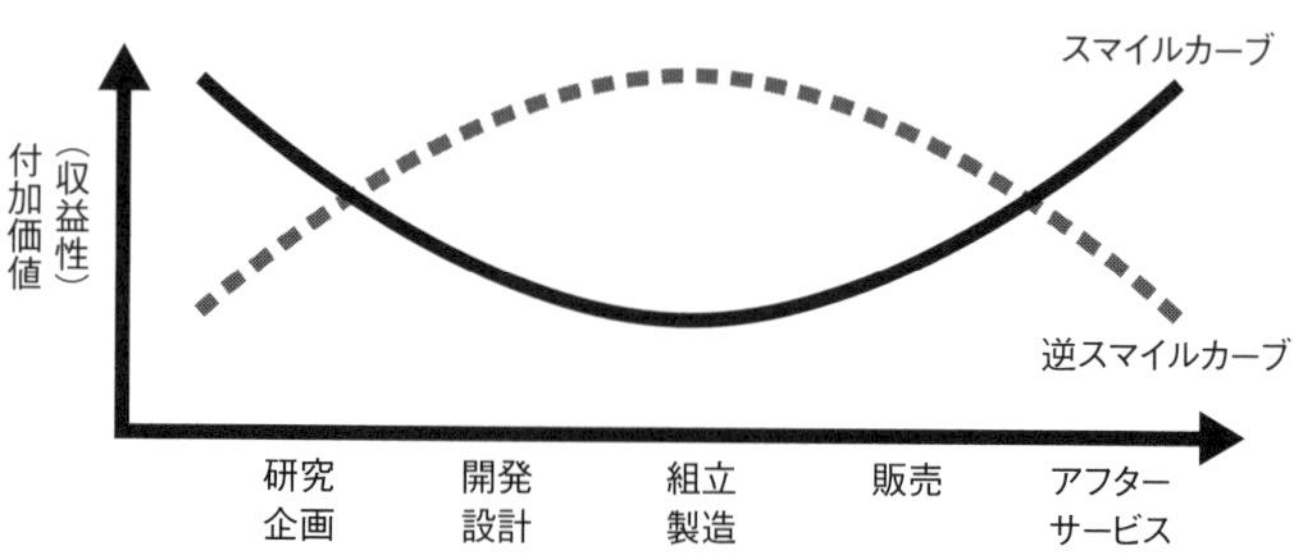

（出所）筆者作成

組立製造工程を新興国に外注している。しかしながら、表1に示した通りこれらのファブレスメーカーの業績が必ずしも高いわけではなく、日本においても二〇〇〇年代にはノートパソコンの九割以上を台湾メーカーでODM（Original Design Manufacturer：単なる製造請負ではなく設計も行う）生産していた。実態としてファブレスは実現していたのである。また、垂直統合は自動車産業のような部品調達までも企業グループ内に構成するサプライチェーンを連想させるが、モジュール化が進んだコンピューターにおいては、企業グループ内で部品を製造していてもベンダの一つに過ぎず、実力勝負で継続性もない。ノートパソコンは当初から「ダイナブックが売れると松下が儲かる」などと言われていた。販売も消費者向けは量販店である。サプライチェーンも水平化していたといえる。

このことから少なくとも組立製造工程の外注化の遅れが日本のモノづくりを衰退させたわけではない。水平分業がうまく機能しないのは、研究や企画、販売やアフターサービスの付加価値が低いことが原因である。その結果として、すべての工程で付加価値が低い状態にあることが日本のメーカーに勢いがない理由である。『モノづくり白書』には、競合国企業と比べて劣っている機能についての調査結果が示されているが、興味深いことに、劣っていると認識している工程こそが見事なスマイルカーブを描いている。日本のメーカーは自らの欠点を認識しているにもかかわらず、この状況に対処することができていない。

3 付加価値の本質

ノートパソコンにおけるモノづくりと顧客の製品選択基準（顧客価値）が具体的にどのように変わったのかを示そう。ディスクトップ型からノート型へと軽薄短小化が進む時代は、日本でしかモノが造れない時代であった。高密度化が進むインテルのモバイル用CPUを実装する高密度のプリント基板や、そのCPUを実装する製造装置は日本にしかなかった。製品の企画は技術主体であり、軽薄短小化を実現するプリント板実装技術や製造装置の開発は研究所が主導していた。その結果、世界最小最軽量の更新を続けるノートパソコンはカバンに入れて持ち歩くことが可能となり、コンピューターの利用シーンを拡大した。ところが、CPUにグローバル製造を見据えたBGA（Ball Grid Array）と呼ばれるパッケージが採用されると、高密度プリント基板や専用の製造装置は不要となり、ノートパソコンは台湾でも造れる製品となった。その後も軽薄短小化技術の開発は続いたが一ミリ、一グラムの戦いは顧客に訴求できる価値を失い、顧客価値はサイズや重さからコストに変化した。製品の企画は台湾メーカーからの提案を選択する作業に変わり、今まで培って来た技術の多くは不要となり、モノづくりは設計から製造までを台湾メーカーでODM生産（外注）するようになった。

激しい価格競争に陥る中、水平分業に特化した米国のファブレスメーカーは、直販でカスタマイズ

表2　イノベーションと顧客価値の変化

世代	イノベーション	製品	顧客価値
1	半導体技術 基本ソフト（OS） モジュール化	デスクトップパソコン	誰でもコンピュータが使える
2	軽薄短小技術	ノートパソコン	持ち運びが可能で、どこでも使える
3	水平分業	ノートパソコン	誰（新興国）でも購入可能な低価格
4	機能の絞り込み＋UI	スマートフォン	いつでもインターネットにつながる

（出所）筆者作成　※UI：ユーザーインターフェース

できる販売形態、修理せず新品と交換するアフターサービス、見てすぐわかるデザインを重視するなど、新たな顧客視点での差異化を図り、顧客価値はデザインやサービスに変化した。かくして日本のメーカーはすべての工程で後塵を拝し、市場を奪われることになった。

表2にさらに携帯情報機器に一般化した顧客価値の変化を示す。

コスト競争に行き詰まったノートパソコンから、移動中などでも使用できるように、いつでもインターネットにつながり片手で操作できる顧客価値を実現したものがスマートフォンであり、現在ノートパソコンのコンシューマー市場を塗り替えるほどの成長を遂げている。つまり、付加価値とは次世代の顧客価値を創造することに他ならない。水平分業によるイノベーションを後から取り入れることは、コスト＝顧客価値で他社と競争するということであり、高い付加価値を生まないのは当然である。

また、日本のメーカーが継続して**表2**のようなイノベーションを起こせないことには根本的な理由がある。組織や製品開発プロセスが顧客価値と結びついていないためだ。

日本のメーカーの多くは組織構造が事業部制などであっても基本的には**図1**の横軸のような機能別組織になっている。機能別組織は各部門が一つの機能に特化して専門（部分最適）化するということである。また、製品開発プロセスはウォーターフォール・モデルのような工程を厳格に管理し、時系列で後戻りできない方法になっている。後戻りがない工程では新しいリスクを採用することが難しい。機能別組織とウォーターフォール・モデルは、安定した市場に対して効率的にルーチンワークをこなすことを得意としているが、顧客価値の変化に対応したモノづくりには適していない。

東芝の組織は事業本部制から一九九九年に社内カンパニー制に移行し、二〇一七年に分社化した。独立採算制を高め、企業価値を最大化する方向に進んでいる。しかしながら、組織の階層と組織間の壁（いわゆる死の谷）は深まるばかりであり、時代やグローバル化などによる顧客価値の変化に対応する組織からは益々遠ざかっているように思える。

4 サムスンのモノづくり

サムスンの特徴は、垂直統合型のビジネスモデルを継続する代表的な企業であると同時に、二代目李健熙（イ・ゴンヒ）会長自ら次々に新たな経営方針を打ち出し、長期にわたって進化し続けていることである。一九九三年の「妻と子以外はすべて変えろ」というスローガンに代表される自らを変革する大改革を三十年以上繰り返している。

その結果、サムスンの目指す製品開発はメード・イン・マーケットであり、日本のメーカーとは次元の異なる徹底した市場主義によりグローバル市場で現地需要を把握している。たとえば一九九四年に地域別本社制度を採用し、日本、米国、欧州、中国、東南アジアに本社を設立し、ほとんどの機能を現地化した（現在では韓国本社の中央集権と現地適応を両立させる体制に進化している）。また、地域専門家制度という人材育成制度があり、半年から一年に及ぶ現地実習では基本的に何をしても自由で、その国の文化や人の考え方、好みを学び、現地で独自の人脈を築くことを目的としている。

製品開発は各部門から集められたプロジェクトチーム（機能別組織の欠点を補う横串組織）で行い、まず現地に行き地域専門家と一緒に市場調査から行うことで顧客価値に直結した製品開発を可能としている。また、サムスンは製品開発においては先行研究を行わず、リバースエンジニアリングと呼ばれる競合他社製品を機能要素に分解する調査を行っている。現地の市場調査からこの機能要素を再構築し、不要な機能をそぎ落とす引き算の製品開発を行い、顧客の満足が得られる最小限の製品を低コストで供給し、利益を出すことが可能となっている。

5 アップルのモノづくり

ＧＰＵ／ＣＰＵなどを自社独自開発しているアップルは、垂直統合に水平分業を巧みに織り交ぜたビジネスモデルとも言われ、組立製造は新興国に外注しているが、その目的は低コスト製品を供給することではない。アップルの製品ｉＰｈｏｎｅ、ｉＰａｄ、Ｍａｃの売価は競合他社の製品より高価であり、アップルの売上げの八割以上を占めている。アップルの主要な収入源はこれらの製品であり、モノづくりによって莫大な利益を生み出している。

アップルの製品は革新的で顧客の生活に新しい価値を与えている。アップルのモノづくりは表２に示した世代を変える顧客価値の創造そのものだ。スティーブ・ジョブズはその革新性を生み出すために市場から需要を把握しようとはせず、未来の経験に思いを馳せるという。その革新的なアイデアを実現するために、アップルの組織は機能別ではなく製品別組織、かつフラット組織になっている。フラット組織とは中間管理職を排除し、経営と現場が直接つながる組織のことである。フラット組織では人的交流と情報の共有化がスムーズで、経営者を中心としてリスクのある製品開発を同時並行で進めることが可能である。フラット組織が機能するためには一人ひとりが全体との関わりの中で必要な情報を見極め、自律した行動を取ることが前提となるが、アップルはその人材を備えている。

アップルのモノづくりは日本のメーカーにとって真似することが困難である。かつて東芝のデザイン部から聞いた話であるが、よくアップルのようなデザインがなぜできないのかと言われるらしい。しかし、できないのではなく、良し悪しを決める人が誰もいないことが問題とのことであった。また、アップルの製品はユニボディと呼ばれるアルミの削り出しによる自由な形状、継ぎ目のない筐体が特徴となっているが、これを切削装置で削り出すには加工に時間がかかるため、部品によっては樹脂の成型品に対してコストが百倍ほどになる。仮にアップルより先に設計者がユニボディを採用したいと提案しても、日本では受け入れられる可能性は全くない。コスト意識のないダメ設計者の烙印を押されてしまうだけだ。アップルはファブレスでありながら、製造工程に多額の投資を行っている。『モノづくり白書』には二〇一四年のアップルの設備投資額は一兆円を超え、その大半がｉＰｈｏｎｅなどの量産機械に投入されていることが示されている。重電や半導体など多くの事業を持つ東芝の同年設備投資額が二千億円程度であることから、数種類の製品しか持たないアップルの一兆円は破格の投資である。アップルは付加価値の低いと言われる組立製造工程でも高い付加価値を実現しているのである。私は中国の成型ベンダで何十台も切削装置が並んでいるのを実際に見て、アップルのモノづくりの強さ、あるいは革新性は細部にわたる経営判断に基づくものであることを確信している。

以上、日本のモノづくりが勢いをなくし、新興国に追い抜かれた真の原因について考察した。一言で言えば日本のメーカーは、顧客がなぜその製品を選ぶのかという顧客価値の本質から目を背けていることだ。サムスンは現在の顧客価値をグローバルで把握し、アップルは未来の顧客価値を創造している。二つのメーカーに共通しているのは、経営者が自ら陣頭に立って組織、プロセス、製品の改革をし続けていることであろう。もはや顧客価値を実現する手段は技術だけではなく、サービス、ビジネスモデルなど多岐にわたっており、特定の担当者や組織が実現できることではなくなっている。モノづくりとは経営なのである。とはいえ、一人のカリスマ経営者が永遠に陣頭指揮をとれるわけではない。サムスンの李健熙会長は現職であるが、健康上の理由から五年前から現場を離れており、スティーブ・ジョブズは八年前にすでに他界している。それ以後のサムスンの改革とアップルの革新性は色褪せたようにも見える。

日本のメーカーは、サムスンやアップルの改革を深く研究し、自らを改革する仕組みを構築し、顧客価値に向き合うべきと考える。

〈参考文献〉

クレイトン・クリステンセン、玉田俊平太他『イノベーションのジレンマ』翔泳社（二〇一一）

ジェイ・エリオット、ウィリアム・L・サイモン他『ジョブズ・ウェイ　世界を変えるリーダーシップ』（二〇一一）

経済産業省・厚生労働省・文部科学省編『ものづくり白書』（二〇一二）

経済産業省・厚生労働省・文部科学省編『ものづくり白書』（二〇一六）
野口悠紀雄『日本式モノづくりの敗戦』東洋経済新報社（二〇一二）
畑村洋太郎・吉川良三『危機の経営』講談社（二〇〇九）

第4章

国内経済への地方の関わり

前章までは、国内企業・経済の動きをまとめてきたが、本章では国内経済の一翼を担うべき地方の動向および課題について考えたい。

過去、様々な経済施策が取られ、工業面においては地方の位置づけが高まった時期も見られたが、近年ではその基盤が揺らいでいる。

日本における産業化の歩みは、経済・社会・政治の中央集権化の中で進んできた。明治維新前の江戸期における経済は中央集権的なものではなく、多数の地方経済圏が合成する分権型であった。明治政府においても、財政難とその後に訪れた松方デフレのために、中央政府による初期産業政策は成功せず、地方の殖産興業に頼るところが大きかった。

その後、交通・通信網の整備拡充に伴い、人・モノ・情報の交流が活発化する中で各地域の中心都市が活性化し、政治・経済の中央集権化につながっていく。西南戦争後の政治的な中央集権体制の確立と合わせて経済的な中央志向も高まり、日露戦争以降に工業化が本格化するが、その舵取りは主に中央政府によるものであった。さらに戦時下の統制経済（中小企業の専属下請け化誘導など）がより中央志向を強め、高度成長期まで中央集権化の流れが続くことになる。

1 産業立地における地方分権化 〜全国総合開発計画（全総）をはじめとする施策

こうした産業政策の中央集権化の動きに変化が出てきたのは、高度成長期以降である。一九五〇年には、「国土を総合的に利用し、開発し、および保全し、並びに産業立地の適正化を図り、あわせて社会福祉を向上させる」ことを目的に「国土総合開発法」が制定された。これにより、戦後間もない時期であったため、河川総合開発方式による公共対策（失業対策等）となる「特定地域総合開発計画」が、米国のＴＶＡ（テネシー川流域開発公社）を範として実施される運びとなる。

第一次全総

その後、同法に盛り込まれた「全国総合開発計画」が決定されたのは、一九六二年になってからである。この背景として、六〇年の所得倍増計画と、そこで示された「太平洋ベルト地帯構想」への批判がある。既に四大工業地帯（京浜、中京、阪神、北九州）が成立しており、新規の工業地帯の立地もこの近傍に定めるのが現実的な案ではあったが、当然、その他の地域からは大きな反発を招いた。

これに対応して、六一年に「工業適正配置構想」が示され、六二年には地域間の均衡ある発展を目的とした「全国総合開発計画」が閣議決定される。地域間所得格差への拡大に対する地方の反発に配慮したものであり、公共投資の地方配分を念頭においた地方開発案となる。工業の分散化を図ることを目的に各地の拠点開発が生まれ、国土開発計画は地域的課題、地域格差の解決の意味合いが強まっていく。

新全総〜全国的な開発計画、日本列島改造論の背景

一九六九年には、目標が「地域間の均衡ある発展」から「人間のための豊かな環境を創造」と変化した新全国総合開発（新全総）が発表される。空港、高速道路や高速幹線鉄道、通信網整備といった全国的なネットワークの整備と大規模工業基地などの産業開発が掲げられた。

六〇年代後半から七〇年代初めにかけて、高速道路網と鉄道主幹線の建設、高速送電網や大規模港湾の建設とともに、工場分散も「新全総」のプランに則って積極的に展開され、徳山、大分、延岡などで大型工業地域が発展を遂げた。また、こうした流れの一端としては、田中角栄氏による「日本列島改造論（一九七二年）」も当時の意識を表わすものとして注目を浴びた。

新全総の背景には、過密と過疎の地域間格差の是正があるが、それ以外に高度成長期における工業活動の都市集中による混雑や大気汚染が強く意識された面がある。工場の地理的再配置の必要性が取り上げられ、この動きは七一年の「農村地域工業導入促進法（農工法）」、七二年の「工業再配置促進法（工配法）」、七三年の「工場立地法」へと連なる。

農工法は、農村活性化の手段として、農村地域への工業の導入促進を目的とし、工業団地などの整備の基となった（現在、農村産業法）。

工配法と工場立地法は、人口集中地区にある工場を、法規によって郊外などに移転させるもので、誘導先として指定された地域は①遠隔地、②繊維、鉱山等の衰退産業地域、③特定不況地域、④発電所地域の四種類から構成された。工場立地法は都市に立地した工場にとって厳しい規制を課し、工配法は工場団地の創設、工業用水の助成（補助金）、工場再配置補助金交付などの特典があり、「アメとムチ」の関係が見られた。一方で、当時の経済状況の厳しさや産業構造の変化、対象とされた産業（鉄鋼、石油精製、石油化学）の反発もあり、工配法の計画決定は七七年までずれ込むことになる。

三全総　～地方定住圏構想とテクノポリス法へ

第一次オイルショックは、新全総までの大規模プロジェクト型国土開発のあり方にも大きな問題を投じた。資源多消費型の経済構造からの転換を求める声や公害問題の地方拡散への批判等が生じ、高度成長期における問題が国土開発の面でも顕在化し、安定成長期の新しい社会経済イメージを求める声に応じた計画が求められることになる。

七七年に「第三次全国総合開発計画（三全総）」が閣議決定されるが、過度の都市集中化の回避と産業の適度な地方分散化という点では従来の理念を維持しつつも、目的として「地域特性を生かし」「歴史的、伝統的文化」に根ざし、「人間と自然との調和」が盛り込まれるという、大きな変化が見られた。地方への「定住構想」が掲げられ、「五〇～一〇〇程度の世帯で形成されている圏域（居住区）：全国で三〇万～五〇万」が複数集まり、「コミュニティ形成の基礎となる圏域（定住区）：全国で二万～三万」を構成し、定住区が複合して「定住圏：全国で二〇〇～三〇〇」を構成するという概念が示された。

七〇年代から八〇年代初めにかけて、大都市の人口増加率は低下し、三全総は効果を果たしたようにも見えたが、この時期の経済成長の低下に伴う現象の側面が強く、Ｕターンが本格化したとまでは言えなかった。

こうした状況を受け、地方の産業立地政策が打ち出され、八三年には「高度技術工業集積地域開発促進法（テクノポリス法）」が制定される。

高度加工型の工業生産技術を念頭に、産業と学術・技術との連携、移入産業と地場産業との相互連関、生活基盤面での一定水準確保などを目指すものであり、構想段階から地方側から熱狂的に迎えられた。同法は、先端技術の開発と利用を中心とする地域工業育成という意図から生まれたもので、国土の均衡な発展から地方における知識集約化産業の拠点開発へ、という流れを象徴するものであり、最終的には全国で二十六の地域が承認されることになった。

地方における知識集約化産業の拠点開発の流れは、サービス産業に重点を置いて地域の技術高度化を目指した頭脳立地法（八八年）、さらには地方拠点法（九二年）へと続いていく。

三全総による定住圏構想等を前提とした、人口の地方回帰と定着は結果的には実現せず、八五年以降には、サービス経済化等を背景に首都圏集中が再現し、東京一極集中が改めて意識されるようになった。

四全総　～民間活用による多極分散とその失敗

八七年に決定された「第四次全国総合開発計画（四全総）」は、経済機能の首都圏集中を見直し、「交流ネットワークによる多極分散型」の国土形成をその目的に掲げた。この背景には、第2章でも触れたが、四全総策定の経過報告がそれまでの全総の流れとは異なり、東京重視の姿勢とも捉えられる内容であったことから大きな反発を招いたという事情がある。そのため、東京一極集中の是正という面ではあまり踏み込んだ内容とは言えない。

しかし、四全総の下では、「総合保養地域整備法（リゾート法）」、「地域産業の高度化に寄与する特定事業の集積の促進に関する法律（頭脳立地法）」、「多極分散型国土形成促進法」、「地方拠点都市地域の整備および産業業務施設の再配置の促進に関する法律（地方拠点法）」など、地域開発を目的とする法律が多数制定された。

これらの地域開発制度を利用し、民間活力を導入しながら、多様な企画を推進したのが四全総の特徴とも言える。

上記のいくつかの制度内容を見ていくと、リゾート法は余暇活動に対する需要の高まりを背景に、第三次産業を中心とした新たな地域振興策の展開を目指し、総合保養地域の整備を促進しようとするものであった。〇一年までに四十七都道府県のうち四十一道府県（七一二市町村）が四十二の特定地域（北海道が二地域、他府県は各一地域）について基本構想を作成し、承認された。民間企業の誘致が前提であったことから、計画したものの実行されないという事態は避けられたが、その後の民間企業の撤退で運用が行き詰まっていき、〇四年には基本方針の見直しにより、構想の抜本的な見直しが求められている。

「頭脳立地法」と「地方拠点法」については、前述したように地方における知識集約化産業の拠点開発の動きであり、前者では、地方における調査・研究・開発機能の集積を目的に、ソフトウェア、デザイン、エンジニアリング事業など指定八業種の大都市から地方への分散が図られ、後者ではオフィス機能の地方分散を図る「オフィスアルカディア」構想が見られた。しかし、こちらも経済環境の変化もあり、大きな成果を挙げるには至らなかった。また、特定の地域を指定することにより、大都市からの分散を図る拠点方式もこれが最後となっている。

結果的に、四全総は交流ネットワーク部分（空港、高規格幹線道路網整備等）においては成果を残したものの、期待通りには進まなかったと言えよう。

二十一世紀の国土のグランドデザイン　～全総と中央主導の地方分権計画の終焉

七〇年代前半は人口移動の沈静化（九〇年代後半には再び都心回帰の流れ）と所得格差の縮小が進み地方の時代と言われた。三全総では、自然と調和した健康的文化的な居住環境の整備が目指され、四全総では、相互補完的で個々の特性を活かした多極分散型のネットワーク構想が描かれた。

四全総を受けて、九八年に国土総合開発法（現・国土形成計画法）に基づき、新たな国土総合開発計画として「二十一世紀の国土のグランドデザイン」が閣議決定された。あえて、五全総という名称が付されなかったことからも、それまでとは一線を画すという意味合いが込められている。「多軸型国土構造形成の基礎づくり」という目標の下、多様な主体の参加と地域連携による国土づくりが提唱されている。

全総と共通の構想（地方経済社会の活性化）を引き継いだはずではあるが、特に施策として目立つものは散見されない。このことは、中央主導の地方分権では、掲げられた理想が十分には実現しないと認識されたためであり、工場団地をはじめとした大型プロジェクトが終了した後の地方公共団体の経費負担が大きい面も無視できない。九八年には、すでに相次ぐ経済対策により、地方側の負担も過大になっており、東京都、大阪府、愛知県などの大都市圏が相次いで財政危機宣言を出した年でもある。また、リゾート法において整備された施設の運営難や企業撤退後の中小地方公共団体の負担も注目を集めていた。

九〇年代半ば以降は、先述したように産業の空洞化が大きな問題となっており、地方だけでなく、大都市周辺地域の疲弊も問題化し、「地域産業の自律的発展」を図る動きに舵が切られる。中小企業が多数集積する既存の集積地域の活性化を目的とした「特定産業集積の活性化に関する臨時措置法（産業集積活性化法）」が九七年に施行され、九八年の創業支援等を目的とした「新事業創出促進法」には「地域産業資源を活用した事業環境の整備」が盛り込まれた。これにより、テクノポリス法と頭脳立地法は「新事業創出促進法」に実質的に統合されて廃止となる（新事業創出促進法も「中小企業の新たな事業活動の促進に関する法律」に〇五年に統合、十六年の改正で「中小企業等経営強化法」となる）。

中央主導による動きは、産業立地政策の前面から二〇〇〇年代初めに徐々に姿を消し、九〇年代半ばまで追求されてきた「国土の均衡ある発展」とそのための中央主導の地域振興政策は、大きな転換期を迎え、「地域産業振興」へと変化していく。

産業クラスター計画と知的クラスター創成事業　～地域産業振興、分権化

中央官庁再編後の経済産業省において、九つの地域経済産業局とともに地域経済産業グループが発足し、二〇〇一年に「産業クラスター計画」が発表されている。

「産業クラスター」とは、知識集約型で革新的な商品開発や生産技術に関わる複数の企業が、

技術的経営的に関連する他業種企業、研究施設、多種多様な専門家などと一つの地域内に共生して、互いに頻繁な交流を重ねながら成長するという概念である。

〇一年の計画第一期では全国で十九プロジェクトが選定され、〇六年の第二期では新規分も含め十八プロジェクトに再編されている。一一年以降（二〇年まで）の第三期は自律発展期とされた。

また、文部科学省の「知的クラスター創成事業」が〇二年にスタートしている。「知的クラスター」とは、「地域のイニシアティブの下で、地域において独自の研究開発テーマとポテンシャルを有する大学をはじめとした公的研究機関等を核とし、地域内外から企業等も参画して構成される技術革新システム」とされる。

育成段階の第一期においては、十二地域十クラスターを「事業実施地域」、六地域を「施行地域」に指定した。第二期においては事業実施地域が九地域、国際競争力を持った地域クラスターの育成を目的とした「グローバル拠点」が四地域指定された。

両クラスター計画は連携して行われ、相乗効果を目指したものであり、これを受け、地方独自の新しい産業集積形成を目指す動きも見られた。

その後、〇七年には地域による企業立地促進、産業の集積の取り組みを支援し、地域経済の自律的発展の基盤の強化を図ることを目的として「企業立地の促進等による地域における産業集積の形成および活性化に関する法律（企業立地促進法）」が制定される（同法は、一七年に改正され、「地域未来投資促進法」となっている）。

以上のように、産業立地政策は、中央主導による適正な地理的配置に企業を誘導する政策から、地方公共団体の主体性を尊重し、地域の産業振興・地方分権的な性格のものに転化している。各施策は、地方公共団体の主体的かつ計画的な取り組みが前提とされる。

産業立地政策の変化と現状の課題

産業立地政策は、地方公共団体の主体性を基にした地域産業振興策へ変化したと言えるが、現状を見る限り、いまだに課題は多い。

東京一極集中に改善の気配はなく、少子高齢化の流れの中で、大阪など他の大都市圏からの流出が問題視される状況に至っている。地方中心都市の中には、人口増を果たしている都市もあるが、地方全体が衰退すれば、中心都市にも少なからず影響が出るであろう。

製造業の海外進出の動きは止められるものではなく、産業立地施策においても製造業に限定しない流れに転換しているが、非製造業のシェアを見れば、さらに東京の強さが浮かび上がる面もある。

大手通信販売会社の中には、東京外に本拠地を構えた企業があり、小売業をはじめインターネット系企業が地方に本拠地を構える可能性も十分あったはずだが、初期段階から東京に集積し、その集積効果が大都市に寄与している状況である。ネット販売の消費税収配分を地方側が訴求した一件は、この状況を変えられると地方側も考えていないとの印象を与えた。

足もとにおいても、様々な地方振興策が提示され、その数の多さや頻繁な変更に地方側が対処できない面もあり、長期間の景気回復局面において地方の基礎体力とも言える税収基盤が上昇しているとは言い難い。地方全体で見れば、雇用の受け皿になる成長産業は介護と観光ビジネスというのが実態であろう。

二〇〇〇年代に入ってからは、地方分権的な立地政策と産業集積論に転化していたが、筆者の記憶では、この時期においても、産業施策は工場誘致や産業集積を様々な団体が乱立提示しているように受け取れ、ミスリード感が否めない印象を受けた。もちろん、地域における雇用確保が最大の課題であり、その対応が最優先であったものの、多くの団体で似通った構想が提示される状況では限界を感じた。

前章までの経済、企業動向を踏まえれば、根強い期待としての、円安による工場の国内回帰という流れが仮に生じたとしても限定的と思われ、これに過度に期待することは、大幅円安という経済のリスクシナリオを肯定的に捉えるものになる。

現実的かつ地道な対応の一方で、どの産業をどう育成し成長させ、地方全体に寄与してもらうか、という難題に中長期的に取り組むことが重要なのである。様々な施策を進める会津若松市のような有望な取り組みが生じたことは頼もしくあり、フリーランスのエンジニアを中心に地方移住の進展も一部で見られる。ただ移住先としては中心都市が選択され易く、仮に移住しても生活基盤など多くの課題があり、定住させるにはノウハウの蓄積努力を続け、インフラ整備だけではなく都市部との多様なネットワークづくりを意識することも不可欠となる。

2 本格化する少子高齢化への対応 ～マイナスサムへの挑戦

少子高齢化のもたらすもの

次に、少子高齢化問題が取り上げられて久しいが、特に二〇〇〇年代半ば以降、より現実的かつ厳しい見方が強まっている。

国立社会保障・人口問題研究所の「日本の地域別将来推計人口（平成30年推計）」によれば、すでに二〇一〇年から一五年にかけて三十九の道府県で人口減少に転じており、一五年から二〇年にかけては四十二道府県、その後は三〇年までに東京都と沖縄県を除く四十五道府県で総人口が減少し、三〇年以降はすべての都道府県で総人口の減少となる。

市町村別で見れば、一〇年から一五年にかけて一三六七市区町村（全市区町村の八一・三%）で人口が減少しており、二〇年から二五年で一五三七市区町村（同九一・四%）、三〇年から三五年で一六一五市区町村（九六・〇%）で総人口が減少する。人口規模別の団体数を見ると、二〇四五年にかけて人口数の少ない団体が増加していき、十万人以上の団体数、特に十万～三十万の団体数が大きく減少していく（**図4―1**）。

総人口の少ない団体の増加は、税収基盤の弱い団体の増加とも言える。さらに、平成の大合併を経て、市町村の面積は拡大しており、その状況下で五千人以下、一万人以下の団体が増加していくと、多くの地域で商圏自体が成り立たなくなる可能性がある。ネットや移動販売という手段はあるものの、地域の基盤はさらに弱まる。また、こうした地域では高齢化も進んでい

図4－1　総人口の規模別市区町村数割合の推移（2015 → 2045）

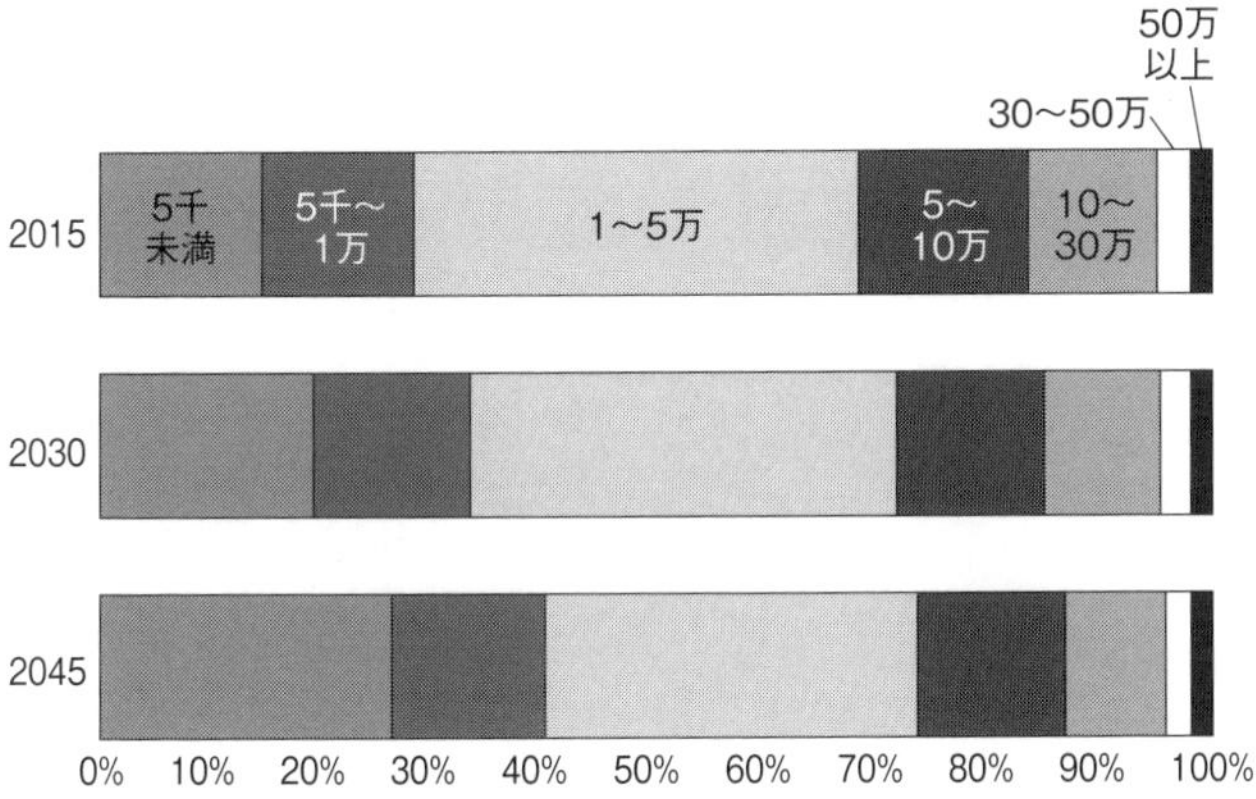

出所：「日本の地域別将来推計人口（平成30年推計）」（国立社会保障・人口問題研究所）資料より筆者作成

るので、自動運転などの技術的ブレイクスルーがない限り交通手段の問題もより深刻になる。

「故郷が大都市」世代の割合が増加 ～人口問題による都市と地方の格差

さらに厳しい見方をすれば、今後はこれまでのような地方配分に対する見方が変化する可能性もある。東京をはじめとする大都市への人口移転は、地方から若い世代が流入し、大都市の生産年齢人口を支えるという面が強かった。しかし、徐々にそうした面でも変化が生じはじめている。

一九六〇年では、東京圏（東京都、神奈川県、千葉県、埼玉県）、関西圏（大阪府、京都府、兵庫県）および愛知県という大都市圏における出生数の合計は全国の三五％、年少人口数（〇～十四歳）の割合も全国の三割ほどであり、地方がこの年代の中心を占めていた。しかし、大都市への人口流入後の定着が進み、二〇一五年には出生数で全国の四八％、年少人口で四七％を占めるに至っている。特に東京圏の割合の上昇傾向が続いており、人口推計における年少人口の推移でも、人口数自体は減少に転じるものの、割合は上昇を続ける。四〇年には、年少人口は東京圏だけで全国の三割に達し、大都市圏で五〇％に達する。

「大都市在住でも地方出身」という構図は当面は続くかもしれないが、状況は刻々と変化している。

少子高齢化といっても、都市と人口の少ない地方公共団体ではこれから直面する状況も異な

表4－1　1事業所当たり従業者数（左）、市町村数の推移（右）

（人）

東京都	16.7	奈良県	7.8
愛知県	11.4	和歌山県	7.0
神奈川県	10.2	島根県	7.4
秋田県	7.7	徳島県	7.6
山形県	7.7	高知県	7.4
山梨県	7.3	長崎県	7.9
長野県	7.8	宮崎県	7.8

2010～15年	1,719
2005～10年	1,728
2000～05年	2,217
1995～00年	3,230
1990～95年	3,233
1985～90年	3,246
1980～85年	3,254

※東京都、大阪府、愛知県、神奈川県だけで全従業者数の46.3%を占める。

出所：総務省「平成26年経済センサス」「国勢統計」より筆者作成

る。大都市や都市部においては、「高齢人口の増加と年少・生産年齢人口の減少」が進む第一段階にある。高齢者数の急増が問題視されるが、人口総数は緩やかな減少となる。次に、人口五万人以下の市区町村においては、「高齢人口の維持・微減と年少・生産年齢人口の減少」が進む第二段階にある。高齢人口の増加は抑えられるものの、総人口の減少スピードも早まる。そして、過疎地域においては「高齢人口の減少と年少・生産年齢人口の減少」が進む第三段階にあり、総人口は急速な減少を見せる。

このような状況において、大都市・都市部で高齢人口増加による対応が本格化すると、財政面的な問題が表面化するのである。

現実的な対応と中長期ビジョンの切り離し

表4－1の左表は、全国の中で従業者数（一事業所当たり）が少ない県を抜粋したものである（比較のために東京都、愛知県、神奈川県を併記）。

また、道府県の歳入では道府県民税が最も多くを占めるが、地元産業に係る観点から、事業税（歳入中に占める割合は二割前後で推移）により各地を比較したものが**図４－２**である。二つの図表から高知県、島根県など、いずれの数値も低い県が確認でき、地域間の格差が浮き彫りになる。

高度成長期から続いた産業立地政策やその後の地方振興策は、地方への「分権」というより「分散」であり、地方側もその効果を活かすことができないまま、大都市集中と地方分散の動きが交互に続いてきたと言える。現状を見る限り、その分散も失敗に終わる。

地方を活性化させる施策は多いが、大掛かりな施策だけが取り上げられ、いくつかの事例が紹介されるものの、大半の地方公共団体においては導入不可能な策や一時的な盛り上がりの後にフェードアウトする事例も多い。

企業側でも、後継者不足に伴う事業承継（廃業）問題、

図４－２　道府県事業税（個人＋法人の収入額ベース計）の比較（2017年度）

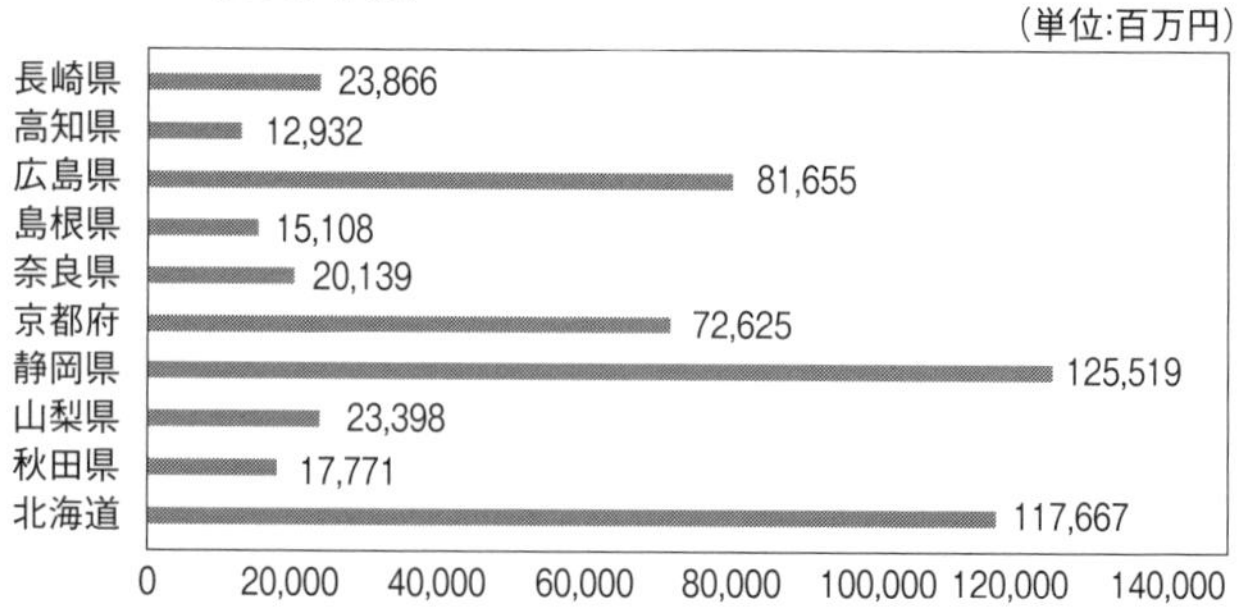

出所：総務省データより筆者作成

地方金融機関の苦境が深刻化している。企業数全体が大幅に減少し需要先が先細る中での環境悪化がさらに厳しい状況をつくり、地方のマクロ環境の回復がないまま企業努力だけでは問題解決に限界がある。

多くの地方団体にとって、コミュニティとインフラ維持の限界をいち早く克服対応することで存続の可能性が開けるだろう。

すでに大半の団体においては、公共施設等総合管理計画が策定され、公共施設やインフラを地域の実情に応じて、総合的かつ計画的に管理する施策が進められている。従前の施設の拡充から、縮小や整理へと大きく舵を切ったことになる。

では、地方都市には一体どのような対応が必要なのであろうか。

現実的な対応の一方で、将来に向けた取り組みが必要だ。近年では、振興策として、観光に軸足を置いた対策やふるさと納税による公需を見込んだ動きも見られたが、需要動向が読みづらく、これらの策は継続が不確実な対症療法である。地方公共団体は、先々のビジョンを住民に訴求しながら永続的な仕組みづくりを提案していく責任を負う。会津若松の事例では、市民が家庭で使うエネルギー消費量、交通機関を使ったログ、医療や教育のデータをオープンデータとして提供することで、それを企業が活用し、さらに市民生活にフィードバックする試みが成功した。市民の理解と協力の必要性を認識させる興味深い参考事例だろう。

地方においては、その地方独自の経済と産業構造があり、その地方における有力企業が大きな影響力を持ち、メリット・デメリット双方がある。しかし、人口動態等の要因によって地方経済の縮小が続いていく中では、内向きの対応策だけでは衰退の一途だ。

近年では、地方振興策として起業などが取り上げられるが、大都市で起業を成功させた地方出身者、あるいは長年勤めた大企業を退職した人が地元に戻り起業する例はまだ稀である。地方活性化のためには地域コミュニティに溶け込み、地域に根差した産業を創造する起業家の移住を含めた流入が不可欠だが、様々なチャレンジが試行錯誤されているものの、まだまだ受け入れる地方側の支援体制が充分ではない。この点については、最終章で徳島県神山町の事例を紹介しているので参考にされたい。

大都市部への集中が続くのならば、やはり都市部との強いネットワーク構築を前提とした施策を考えていくべきだ。シリコンバレーの事例で述べたように、第二のシリコンバレーは自然発生的に生成されたものではなく、本場シリコンバレーとの連携において成長し、その成長の礎となったのは、母国を長年離れた後に戻った還流人材であったことを銘じておこう。また、総務省や経済産業省のデータから労働生産性を見ても、製造業については人口規模にあまり影響を受けない一方、サービス業では人口の少ない地域ほど生産性が低い傾向にあるため、今後はサービス業の戦略再構築が最重要の課題である。

3　地方財政から見た課題

地方の経済・財政面の状況

震災以降の好景気の中で地方の経済状況も回復傾向にある。県民経済計算を見ても、リーマン・ショック後の〇九年を底に、震災での腰折れは見られたものの、各地で回復傾向が確認できる。製造業回復の寄与もあり、県民所得は総じてプラスで推移している。

同様に財政状況についても、経済環境の改善を受けた税収増に加え、国の一般財源総額確保の方針から基金が増加し、財政状況は各財政指標とも改善傾向にある。

しかし、都道府県の税収構造は、景気の影響を大きく受けるため、景気が変調をきたすと税収減少に直結する。また市町村においては、固定資産税の割合が高いのが特徴であるが、中長期的に人口、世帯数の減少の影響がどう反映されるか注意が必要である。

また、今後の少子高齢化により、税収の先行きと歳出増加が厳しさを増すことを各団体は警戒している。単に高齢者問題と捉えがちであるが、実態としては、社会福祉関係（民生費）では児童福祉費が大きく伸びており、地方全体（都道府県＋市町村）で見れば、二〇〇〇年度以降、老人福祉費を上回って推移しており、この差が広がっている。今後、七五歳以上の後期高齢者数の増加に伴い、高齢者向けの社会福祉費が増えることは確実であるが、少子化対策コストも膨らんでいることを念頭に置く必要があろう。

国と地方の税財源・歳出構造

国と地方で、租税収入と歳出規模の割合を比較すると、税収（歳入）では国税と地方税の割合は、ほぼ三：二である。一方で歳出面を見ると、この状況が二：三に逆転する。

（1）歳出面は最終支出ベースのため、地方が実施する様々な国庫補助・負担事業等に対しては、国から財源の手当てが支出され、それらの国負担分を含め最終的支出は地方が行うので地方負担分として計上されること

（2）国から地方に移転される地方交付税を含み、地方住民への行政サービスは、そのほとんどが地方公共団体によって実施されること

以上の理由により、最終支出ベースでの地方分が増加するのだ。

地方政府の歳入は、自治体独自の判断で使える一般財源（地方税＋地方交付税＋地方譲与税等）と使用が限定される特定財源等から成り、一七年度で見ると一般財源は歳入の半分強を占めるに留まる（内、自主財源である地方税は四四％、地方交付税は一九％、その他、特定財源等では国庫支出金が歳入の一六％、地方債が一割程度占める）。

地方財政調整制度として、国による補助面から、地方交付税に関する議論がしばしば散見さ

れるが、地方の独自財源を国が代わって徴収し分配することで、団体間税収の偏在、不均衡をなくして財政格差を調整する位置づけであることを確認しておきたい。

以下で詳しく見ていこう。

地方交付税　～地方間の財源調整と行政サービスの財源保障

地方財政対策として地方交付税は算出されるが、地方交付税は、「地方公共団体間の財源の不均衡を調整し（財源調整機能）、どの地域に住む国民にも一定の行政サービスを提供できるよう財源を保障する（財源保障機能）ためのもの」とされている。地方交付税法に基づき、国税の一部と地方法人税の全額から成り、わが国の一般会計歳出（一八年度予算案）の約一六％を地方交付税が占めている。

地方交付税には、普通交付税と特別交付税があり、普通交付税が総額の九割以上を占め、特別交付税は普通交付税では捕捉されない災害などに対し交付される。

制度の背景に少し触れると、このような（使途を制限する交付条件をつけない）一般交付金制度は、使途を特定目的に制限する米国の補助制度には見当たらない。従前の日本の地方財政は税収額が低く不安定であった。そこで戦後、経済学者シャウプを長とする米国からの使節が地方財政の安定を企図してマッカーサーに示した税制報告（シャウプ勧告）において、一般交付金制度（当初は地方財政平衡交付金制度）が提案された。この勧告では固定資産税も地方税収の柱に位置づけられた。

基本的な交付税の計算は、基準財政需要額から基準財政収入額を引いたものが財源不足額（交付税基準額）として算出される。

基準財政需要額は、各地公体が合理的かつ妥当な水準で行政を行うために必要な経費として算定された額で、基準財政収入額は、各地方団体の財政力を合理的に測定するために、地公体の標準的な税収入の一定割合により算定された額のことである。

基準財政需要額が基準財政収入額を上回った場合、その不足分を地方交付税（普通交付税）として算出する。基準財政需要額が基準財政収入額を下回った場合と、財源不足額が発生しない場合、地方交付税が交付されない「不交付団体」となる。特別交付税は、不交付団体であっても交付される。

一六年度の不交付団体数は全国で七十七（前年度は六十、昭和六三年には百九十三、都道府県は東京都のみ、地方公共団体の九五％以上は交付団体）で、一〇年度以降は増加基調にあり、一四年度の消費税率引き上げに伴う地方消費税収の増加がこれを後押ししている。一般的には、人口規模が小さい団体に交付団体が多いとされ、不交付団体においては、固定資産税収が見込めるなどの様々な個別事情が影響している。

臨時財政対策債

交付税の総額は、現在の制度上、国税のうち「所得税、法人税、酒税および消費税」のそれぞれに一定割合を掛けたものに「地方法人税」を全額足したものになる。ただし、この金額では必要金額に不足することが実際には多い。なお、国の制度変更等による地方負担増や減収が生じた場合などに「地方特例交付金」が加算される。

一般会計に計上された入口ベースに、補填分を加えたものが実際に交付される出口ベースの金額となるが、実態としては財源不足が生じるため、近年はその不足分を補うため、地方交付税の代替として「臨時財政対策債」という地方債が充当される。現行では、財源不足の補填に対し、国と地方が折半して財源を捻出することが基本となり、総額面で慢性的な財源不足が続く中、臨時財政対

図4－3　地方交付税と国予算との関係

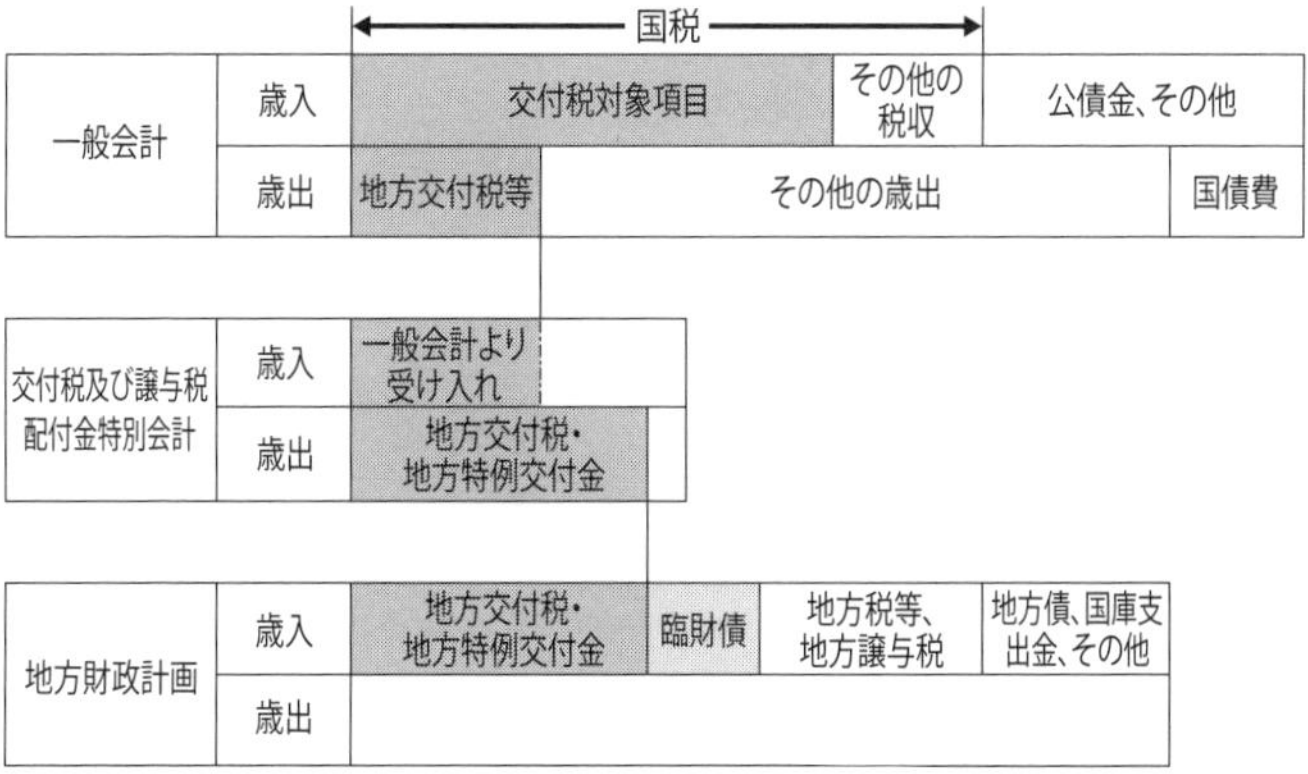

出所：総務省資料より筆者作成

策債の発行が常態化し累積している。しかし、財源不足が慢性化していること自体が問題であり、その不足分を国と地方で補っている状況は看過できない。

なお、団体にとって、不交付団体は財政の健全性を示すものであるが、大幅な収入超過でない場合、あまりメリットが感じられないとの声も多い。これは、不交付団体は税収が見込みよりも増収となった場合、その分だけ自由度は増すが、減収となった場合には国からの補填がないなどの理由による。

そして自助努力を抑制する面を持つ、現行の交付税の再配分制度を見直す機運も高まっている。

国と地方間の財源問題

地方の自主財源となる地方税の割合が、租税全体の三割程度であったことから「三割自治」という言葉が使われてきた。現状では「四割自治」となるが、実体としては、地方交付税を含めた地方公共団体の使途が特定されていない一般財源の割合は、現状、都道府県で六割、市町村で五割超となっている。

二〇一九年度の地方財政計画では税収増により財源不足が解消され、フロー面での改善が見られるものの、地方側からは、更なる地方税収割合の引き上げを望む声は大きい。

ただ、わが国の債務規模は巨額になり過ぎているために、この引き上げは容易ではない。国と地方の債務は、その性質上厳密に区分できるものではないのだが、一八年度末の「国および地方の長期債務残高」は、予算ベースで国が九一五兆円、地方が一九二兆円で、合計一一〇七兆円（一六年時点で国債の四割程度を国内民間銀行と生損保が保有し、海外保有率は六％程度と少ない）に至っている。地方税の割合を上げることは、増税を抜きにすれば国税からの移行となり、国の債務の返済に充てられる財源が恒久的に減ることは国債の信認に影響を与え、様々な問題を伴うことになる。そのため、地方団体には依存体質を改め、新たな財源獲得を目指す自律的能動的な姿勢が課せられる。

地方の自立と権限強化は、地方分権化を標榜した小泉政権による「三位一体の改革」で加速し、交付税交付金の見直しにとどまらず、国から地方へ

図４－４　租税総額（国税＋地方税）に占める地方税配分の推移

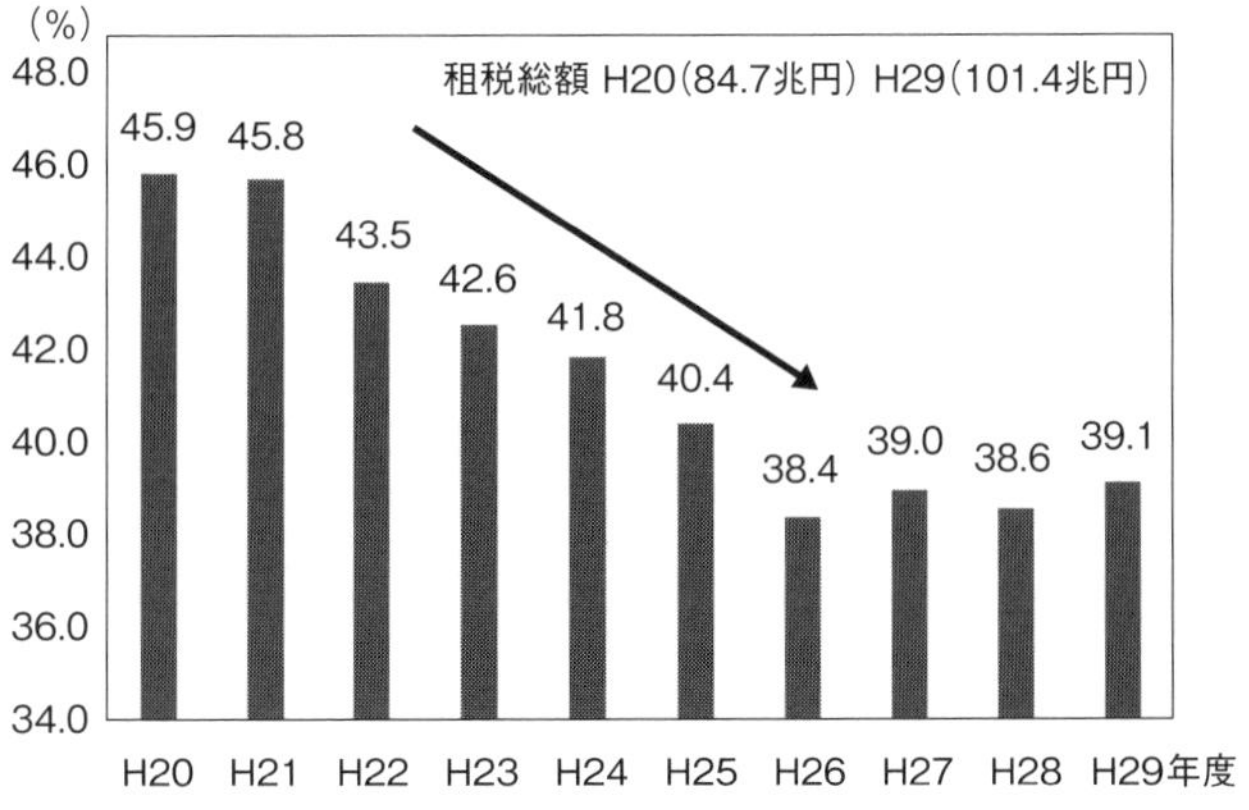

出所：総務省データより筆者作成　※地方税には超過課税・法定外税等含まず

の税源移譲を促進させることが目指され、国庫補助金の一部廃止や交付税額削減が実施された。しかしながら、地方権限強化の機運はその後終息していき、逆に政府は法人事業税の暫定措置を発表していく。地方税である法人事業税の一部を国税化することを企図したものだった。また、新たに導入された地方法人税では、地域間の税源配分調整（地方交付税の再配分原資）を理由に法人住民税の一部が国税化され、国税化の流れは強まる方向に向かっており、これを見直すための議論が続いている。

（第1章～第4章までの参考文献）
小田野純丸・荒谷勝喜「日本のエネルギー産業の構造変化―石炭産業の衰退と流体革命」滋賀大学経済経営研究所『彦根論叢』三六七号、二〇〇七年七月
河村徳士・武田晴人「通商産業政策（一九八〇～二〇〇〇年）の概要（6）基礎産業政策―山崎志郎編著『通商産業政策史6　基礎産業政策』の要約―」RIETI Policy Discussion Paper Series、二〇一四年八月
後藤俊夫『忘れ去られた経営の原点―GHQが教えた経営の質　CCS経営者講座』生産性出版、一九九九年
下川浩一『日本の企業発展史―戦後復興から五〇年』講談社現代新書、一九九〇年
中山孝男「マイクロエレクトロニクス化の進展とその生産過程・雇用へのインパクト」『一橋研究』一一巻四号、一九八七年一月
由井浩『日米英企業の品質管理史：高品質企業経営の原点』中央経済社、二〇一一年

吉川洋・宮川修子「産業構造の変化と戦後日本の経済成長」RIETI Discussion Paper Series、二〇〇九年九月
経済産業省・資源エネルギー庁サイト http://www.enecho.meti.go.jp/ スペシャルコンテンツ「日本のエネルギー、一五〇年の歴史①〜⑥」(二〇一九年三月一日アクセス)
(以上、第1章)
アナリー・サクセニアン『最新・経済地理学』酒井泰介訳、日経BP社、二〇〇八年
猪俣哲史「東アジアの付加価値貿易」一橋大学博士学位請求論文、二〇一四年三月
翁邦雄・白川方明・白塚重典「資産価格バブルと金融政策：一九八〇年代後半の日本の経験とその教訓」日本銀行金融研究所『金融研究』二〇〇〇年十二月
郷古浩道「日本の自動車産業における完成車メーカーと一次サプライヤーの取引構造とその変化」RIETI Discussion Paper Series、二〇一五年四月
下川浩一『失われた十年は乗り越えられたか：日本的経営の再検証』中公新書、二〇〇六年
玉置直司『インテルとともに―ゴードン・ムーア　私の半導体人生』日本経済新聞社、一九九五年
星岳雄・岡崎哲二「日本型イノベーション政策の検証」NIRAオピニオンペーパー、一九号、二〇一六年一月
経済産業省『海外事業活動基本調査』
日本興業銀行・調査部『日本経済はこう変わる』各年版、NHK出版
日本貿易振興機構(ジェトロ)『日本企業の海外事業展開に関するアンケート調査』

内閣府・経済社会総合研究所サイト http://www.esri.go.jp/jp/info_sbubble.html「バブル／デフレ期の日本経済と経済政策について」（二〇一八年十月一日アクセス）
牧本資料室―日本半導体歴史館サイト http://www.shmj.or.jp/makimoto/（二〇一八年十月一日アクセス）
大槻智洋「解剖「ケイレツリスト」アップル経済圏の栄枯盛衰　裏読みアップル経済圏」日本経済新聞電子版、二〇一七年六月一五日、二二日
本の話編集部「なぜアップルに負けたのか。ソニー・ミュージック元社長が見たサイロ」文春オンライン、二〇一六年四月二八日、二九日、三〇日
株式会社小松製作所「ニュースリリース」、未来投資会議における同社資料
（以上、第2章および第3章）
黒田武一郎『地方交付税を考える―制度への理解と財政運営の視点』ぎょうせい、二〇一八年
武田晴人『通商産業政策史（一九八〇～二〇〇〇年）5』経済産業調査会、二〇一一年
『経済白書／経済財政白書』各年度版内閣府、『地方財政白書』各年版総務省、『世界経済の潮流』各年版内閣府、『情報通信白書』各年版総務省、『日本銀行百年史』日本銀行、『昭和財政史』財務省
（以上、第4章）

第5章

マーケティングにおけるトライアド・ポリシー・フレーム

～次世代企業経営に向けた新たな指針として

前章までにおいて、現代日本の企業経営および産業経済に関する通史として様々な動態を読み解いてきた。サイバー社会が進展するグローバルな企業間競争では、電機メーカーに象徴されるように成長のグランドデザインを描けず、企業の多くが適切な経営戦略を構想できないまま現況に甘んじている。

では、次世代の企業経営においては、どのような指針が経営者にとって必要となり、その経営実践において有効な方向性を示すものになるのだろうか。本書の終わりに、企業が目指すべき今後の経営指針の一案として、ここでは、事業を行う要の機能となるマーケティング（売れる仕組みづくり）を考える上で意義のあるポリシーを最後に示したいと思う。マーケティングに係るこの仮説概念となるポリシーは、激しい市場環境の中、海外勢を含めた有力企業に対し競争優位を築くために企業が策定する事業計画に先行し、その立案に影響を与え方向づける役割として企図されたものである。

先取りしてしまうと、本書で提唱するマーケティングに係るポリシーの内容とは、代替化に着目すること、復元化を目指すこと、均衡化を考慮すること、以上の三点である。

この議論を進めていく土台として、まずは企業に求められるものとは何か、について確認しておきたい。

社会命題と企業ビジョン

八〇年代には活発であったポストモダン論なども最近ではあまり議論されなくなったが、アメリカの社会学者ジョージ・リッツァがポストモダン的状況を否定し、むしろモダニティの特徴がより先鋭化していく社会になることを強調したように、今の社会状況を一言で捉えることは容易ではない。

このような現代社会のもとで、私たちはどのように生活していくことを望むべきか。明日に向かって、より良い生活を送ることを願う生活者の存在を踏まえ、これも見解を先に述べてしまうと、その生活の質、生活文化の質を向上させることがこれからの企業にとっての最大の使命になるべきであろう。

イギリスの社会学者アンソニー・ギデンズも、これからの社会において「生活の質を向上」させることを命題としており、フランスの知識人エマニュエル・トッドもまた、これからは低成長を前提とし、文化・教育・地域の人づくりに関わるインフラを構築する社会への転換を求めている。

たとえば、スターバックスは明らかに生活文化の質向上に寄与した企業だと考えられる。筆者の周りのコーヒー通の友人たちからは、そのコーヒー自体の味やチェーン展開に伴う混雑化、サービスレベル等に対して否定的な意見があるものの、家庭でも職場でもない「サード・プレイス」という概念のもとでの居場所づくりは、コーヒー・チェーンとしてライフスタイルを大きく変えた功績があると思える。明らかに時間の過ごし方に従来の喫茶店やコーヒー・チェーンとは異なる効用をもたらしている。わざわざその場所に出向き特別な時間を過ごす人々が多く散見されるからだ。他者同士が実際に直接会話を交わすわけではないが、そこには同じ時を共有して過ごす連帯性が存在し、非常に緩い紐帯にもとづく精神的つながり欲求を満たす場となっている。

その場を訪れた人をポジティブにし、新たなライフスタイル像を示すという点では、エンターテイメントを通した豊かさ発見の機会を提供する企業、カルチュア・コンビニエンス・クラブによる蔦屋書店を中核とした生活提案型商業施設の代官山T－SITEも興味深い。代官山には、性急な開発を回避する視点にもとづいて建築家の槇文彦氏が設計した複合施設「ヒルサイドテラス」という先例がすでにあった。

現在六〇歳前後の世代こそがライフスタイルを自覚的、能動的に創り出す層であり、そのような顧客層が集まり、何か新しく魅力的なコトが生まれる場となることを同施設は意図している。書店（書斎の延長としての「森の中の図書館」）を中心に構成され、その場全体が一つの広大なカフェ空間になるといった発想だ。

今後は商品の差異化による競争構造によるのではなく、顧客満足の充足を基本としながらも企業が掲げる社会的メッセージと提供する商品・サービスへの顧客による共鳴が企業経営において不可欠な条件となろう(1)。

企業側は消費者の移り気な目先的ニーズに適応するだけでなく、消費者に対し、尊重される社会的なビジョン、社会・生活のあり方などを示し導きながら、それを消費者と共有していくことが重要になる。それには、一過性の流行に迷わされず、本当に有用な価値を見極められる人材の育成が基底となる。消費者側にあっても、行き過ぎた利便性追求の姿勢は是正されるべきだ。このような問題意識として、たとえば、ファストフード店は特に時間のない忙しい時には必要であるが、現状のような多くの店舗数とそれに伴う企業間競争が果たしてこれ以上本当に必要であろうか。

ベビー・子供用品でチェーン展開を行う西松屋では、減らす・絞り込む戦略をとっている。つまり多機能を狙わず、本当に必要な機能を探究する。大村禎史社長（肩書は執筆時点）は日本の社会全体で商品数が多すぎること（サービスも過剰）、似たような商品、意味のない機能が多すぎることを指摘する。

かつて哲学者ハイデガーの提唱した「良心」といった二十世紀初頭の西欧における諸思想

は、宗教的規範の崩壊後、これに代わりどう生きるかを示す内的倫理的規範を提示しようとした。今後このような役割を経営者が企業経営の実践を通して果たしていかなければならない。哲学性向的経営の実践とも呼べるものとなろう。

具体的な例を挙げると、たとえば、わが国の観光立国化を標榜してきた先駆け的企業である富士急行グループにおいては、施設内に自生している木を伐採することなく開発を進めることが長く受け継がれてきた社内ルールであるという。もともと溶岩地帯であったエリアの土壌を整備し植林することで長い時間をかけて別荘地等を開発してきた歴史を有する。同グループが運営している富士急ハイランドでは園内入場料金の無料化に踏み切り、三世代に向けたアミューズメントの提供を目指し、また富士登山に関して、従来の自動車利用を抑制するため、今後登山鉄道化を構想するなど、常に環境に配慮した経営姿勢が一貫して散見される。同社では、アメニティビジネスのリーディングカンパニーとなるべく、グループ全体の理念として、「オリジナリティの高い「喜び・感動」を創造することにより、世界の人々の心の豊かさに貢献する」ことを掲げ、別荘地における新たなライフスタイルの提案をはじめ、社会的価値実現に基づく生活拠点および観光地という二つの側面を両立させた付加価値の高い街づくりを念頭に置いている。これらを実現すべく、従来まで縦割り傾向にあった運輸、観光（レジャー・サービス）、不動産の三事業を融合させる中核的部署として、各事業を横断する機能を果たす

「事業部」を組織内に新たに発足させている(2)。

他にも企業による事例を挙げておこう。

「タニタ食堂」の運営でも注目されるタニタは、かつてライターやトースターまで製作していた企業だが、従来のダイエット方法により脂肪とともに必要な筋肉まで減らしていた誤りを危惧し、これを回避するために体組成計を開発する。厚生労働省によると、二〇一〇年の健康寿命（WHOが提唱した、介護に頼らず自立し健康的に暮らすことができる期間）と平均寿命との差は、男性で九・一歳、女性で十二・七歳もあり、同社ではこの差を解消して健康寿命を伸ばすことが使命だという(3)。明確な企業ビジョンの事例となろう。

また、人間工学の専門家らとともにイケアの日本法人イケア・ジャパンが開発したOMTÄNKSAM（オムテンクサム）シリーズは、普段の暮らしにほんの少しのサポート機能を必要とする人々のためにデザインされた。OMTÄNKSAMは、高齢者にとって親切なモノが少ないとの問題意識から、高齢者が自立した暮らしをサポートすることを目指す。スウェーデン語で「思いやりがある」という意味のOMTÄNKSAMは、滑り止め付きランチョンマット、立ち上がるのに快適なサポートを提供する肘掛クッションなど、日々の生活をより快適にしてくれるものだ。このようにイケアでは、商品開発を通して、「より快適な毎日を、より多くの方々に」を企業ビジョンとして明確に掲げている。

以下の**表5—1**は、その他の企業が掲げているビジョン等を一部抜粋し、まとめた資料である。

ポリシーとなる3つのファクター

それでは、企業が目指すべき経営指針の一案となるマーケティング・ポリシーの内容として、三つのファクターを以下で紹介してみたいと思う。

まずは代替化作用というファクターである。技術の向上によって、スマートフォンはカメラや音楽プレーヤーの機能を代替し、家電企業から街づくり企業への転換を進めるパナソニックが展開するスマートタウンでは、住宅内にあらかじめ設備されたパナソニック製テレビが提供するデジタルコンテンツとして、町内情報を視聴することができ、旧来の「回覧板」としての機能を家電が代替している。家電をはじめとする道具は人間の労働を代替してきたが、昨今では人間の頭脳をも代替する技術が登場している。また、エネルギー資源に関しても代替性の議論は長きにわたり続いている。

そして様々な社会的課題に対処すべく、限られた各種資源を効果的に利用する知恵として、次世代の経営には、この代替という発想が必要になる。

日本企業の製販関係における系列化の象徴の一つであった家電販売店の多くは家電量販店に

表5－1　日本企業が掲げているビジョン・スローガン例

企業名	ビジョン・スローガン等	
三菱マテリアル	ユニークな技術により、人と社会と地球のために新たなマテリアルを創造し、循環型社会に貢献する（ビジョン）	成長への変革（中期経営計画テーマ）
帝人	人間への深い理解と豊かな想像力をもってクオリティ・オブ・ライフの向上に努める（基本方針）	ALWAYS EVOLVING（中期経営計画テーマ）
旭化成	「健康で快適な生活」と「環境との共生」の実現を通して、社会に新たな価値を提供する（ビジョン）	Creating for Tomorrow（スローガン）
伊藤忠商事	新時代“三方よし”による持続的成長（中期計画の目指す姿）	Brand-new Deal 2020（中期経営計画テーマ）
島津製作所	世界のパートナーと社会課題の解決に取り組む企業（中期計画の目指す姿）	人類の豊かな未来の創造（活動指針）
パナソニック	事業活動を通じて、世界中の人々のくらしの向上と、社会の発展に貢献（理念）	A Better Life, A Better World（スローガン）

出所：各社資料より筆者作成

対して価格・品揃え面では勝負にならず、修理等サービスに活路を見出し、特に高齢者住宅を訪問して回り、かつての御用聞きに類した方向で生き残りを模索している。現在の社会状況の中で、これは御用聞きの機能を果たすと同時に独居高齢者の健康状態等を把握する民生委員のような行政的サービスの役割をも代替していると言える。他にも、保育所問題に対処すべく、企業側が社内に保育施設を併設する試みは公共性の高いサービス機能の代替である。農産物生産者が、直売所でＪＡ全中の担当者に農産物（朝採野菜など）を引き継ぎ、宅配輸送ではなく一般高速バスの空スペースを利用（貨客混載）して物流機能を代替させる試みもある。これにより宅配業者の利用と比べて運送コストは八分の一程度で済むとも言われる。

このように、代替化という作用は次世代経営を考える上で重要なファクターになる。

さらにここで、代替化作用に関連し、意外性に富んだ発想を生み出すヒントとしての、次のような概念が参考になる。

置換・代替するための方法論としてレトリックによる認識が役に立つ点に注目したい。

修辞技法や表現の巧みな言葉などとされるレトリックは単なる表現手段にとどまらず認識の手段でもあることが提起されている。野内（二〇〇〇）によれば、それは引用の工夫、周縁的・深層的意味の活性化方法であり、そこでは、事象間に思いもしない関係が結ばれ、それが新しい物の見方に通じるという。

そのレトリックの中にメトニミー（換喩）という認識の仕方がある。メトニミーの語源はまさに「代替」にあり、メトニミーとは、ある事物を利用して、それと何らかの関係が認められる（有縁性にもとづく）別の事物を指示することと説明される(4)。このようにメトニミーでは、別々の独立した二つのものを代替することになり、意外性に富んだ物の見方の発見に役立つものと思える。

より具体的には、このような認識方法を活用することで、従来まではなかった新しいアイデアが偶発的に生ずるといった効果が考えられる。たとえば、本来は異質で別次元に存在しているもの同士が、ある時、思いも寄らぬところで代替的に結びつく瞬間がある(5)。

この事例として、国民的漫画家、藤子・F・不二雄の代表作『ドラえもん』のデザインが生まれた秘話がある。主人公のフォルムイメージが決まらず、苦悩する日々の中で見かけた猫をキャラクターに用いることと、その具象化フォルムとして、娘に買ったダルマ型赤ちゃん人形（起き上がりこぼし）玩具が偶然に全体像として代替結合した。日々の生活を過ごす中で、常に問題意識を抱いて考え続けている姿勢が、予期せぬ発見・新しいアイデアを呼び込む確率を高める条件となろう。

以上の効果が期待できることも次世代経営（特にマーケティング）において代替化作用に注目する理由である。

次に、復元化作用というファクターが挙げられる。これは、人間社会において真に必要なもの、社会生活に「効果適合」してきた価値機能を的確に見極め、それが今日不全であった場合、その機能を再帰的に復元化する試みとなる。

かのアダム・スミスは、利己的な人々同士であっても、強制されずに協和（concord）社会が成立すると考え、市場経済における商品交換に他の動物には見られない人間の共同性的本質の実現を見出すのだが、それが相互無関心化・相互手段化をもたらし、その共同性的本質を自己利益の手段として利用し合うという問題を内在させることを黒瀬（二〇一四）は指摘する。また、寡占大企業は人間の共同性的本質の手段化を一層促進し、その立地地域では地域的連帯のない都市をつくりコミュニティも解体したため、生産者と消費者との間に精神的共同性を構築すべく、相互に役立ち合うことに喜びを見出し、自己を確証する精神的共同性に根差した市場の創造が課題になるという(6)。

今後の経営の中に求められるのは、相互に役立ち合うことで自己を確証する人間の共同性的本質の復元ということであろう。端的に例示すると、シェフが作った料理の味を来店客が堪能し、その満足そうな笑顔の様子を見た時、シェフにも生起する喜びの感情、来店客との喜びの感情共有がそこにはあり、シェフと来店客との間には精神的に結ばれる水平なパートナシップが生成される。互いに欠かせない存在であり、来店客からの要望・助言がさらに店側の魅力を向上させる良い循環を含め、役立ち合っている。

ここで意外な例ではあるが、プロレスリングにおける、相手の体の安全を最優先に考えながら、同時に最大の攻撃効果・ダメージがあるように見せる技の応酬行為の中に現われる矛盾的自己同一性は、まさに相互に役立ち合いながら共同性を体現する好事例ではないだろうか。

そして、このような考え方の企業経営者による実践として、百円均一ショップのダイソーを運営する矢野博丈社長（肩書は執筆時点）は『カンブリア宮殿』（二〇一八年一月十八日放送）番組中において、「自分が恵まれたことをどう社会に返すか、最後は人の役に立てることが生まれてきた生き甲斐であり、〝幸せ〟である。運を良くしないと人生も会社も空回りする。自分のことばかりでは何事もうまくはいかず、人にどれだけいいことをするか、いい考え方を持つか、どうすれば人の役にたてられるか、運を良くするにはそれしかない」といった思いを述べている。

また、京都には長い歴史を持つ老舗店が多くあるが、経営面において京都というエリアならではの強みが語られることが少なくない。その強みの一つとして、京都には現在でも、支え合い精神が色濃く生きている点があるといわれる。見返りをあからさまに求めない「お互い様」の姿勢によるものであろう。

以上までのことは「互助性」という、人間の精神的共同性に関する復元化についてである。

もう一つ復元化作用に関する重要な観点は、自然の生活場面への浸透化という、いわゆる環境的アプローチに即した見方である。

このアプローチの実践として、京都の町家が良い例となる。密集度の高い都市空間において、京町家は自然と付き合い、自然を暮らしに取り込む工夫を重ねてきた。隣接する建物間の中間に坪庭を配置し、蒸し暑い表通りとの温度差を利用することで、風の流れを住まいに取り込むといった工夫が見られ、人々が気持ち良く生活していくための暮らしの知恵が積み重ねられている(7)。

もともと日本では、たとえば農地開墾に際して、自然の持つ自発性を活かしながら環境に配慮して棚田などが整地されてきた。柳宗悦の「民藝」運動の考えに象徴されるとおり、自然物の中に隠れている本来の機能特性を受動的に引き出して職人がモノづくりを行ってきた精神的文化が日本には根差している。

街を森にかえる環境木化都市ビジョンの実現を目指し、住友林業による取り組みでは、二〇四一年を目途に三五〇mの木造化・木質化された超高層建築の開発構想を掲げている。超高層建築物でありながらも新鮮な外気と豊かな自然、木漏れ日に触れられる空間を創出する。地上から建物のバルコニー部分を経由して高層階まで連続する緑は、都市での生物多様性を育む景観となり、建物内部は純木造で木のぬくもりを感じる落ち着いた空間になるという。

建築家の隈研吾氏によれば、二十世紀はコンクリートによって前の時代の建物を一掃した時代だったが、二十一世紀は再び地方個々の文化を「復活」させ、ユーザー、材料、職人のすべてについて地元に目を向ける必要があるという。他にも、本来は家電製品である人工物の扇風機が送り出す人工的な風を限りなく「自然の風」に近づけるべく、伝統工芸のアナログ的技術を援用するような試みが大手家電メーカーにおいてプロジェクトとして進行するなど、家庭生活における自然現象の再現が標榜されているのである。

なお、先に紹介した富士急行グループによる開発姿勢などは、自然に関わる復元化の試み、歩みとして読み取れよう。

まとめると、本源的な人間的本質（互助性精神）の回復という側面と、自然の生活浸透化（京都の町家、棚田、民藝的モノづくりなど）という二つの側面から、復元化作用というファクターが次世代経営において不可欠となる。

最後に、バランス感覚という均衡化作用のファクターについて述べよう。

そもそも人間の体を司る最も大切な血液を例にとると、酸性とアルカリ性という2つの対極特性にもとづき、その適正なバランス構成の下で健康な体の状態が保たれていることは周知のとおりだ。このようなバランス構成の重要性は、生命活動にとどまらず、経営経済学的な領域（水平統合と垂直統合のバランスや国と地方の権限バランスなど）をはじめ、様々な事象において当てはまる。

経済学的な見地から捉えると、映画『ロボ・コップ』に描き出されているような過度の民間依存社会の到来を懸念し、たとえば、公正を担保する政府、官と民における役割分担バランスの重要性を主張したのはジョン・ケネス・ガルブレイスである。この主張にしたがえば、市場原理主義、新自由主義的な経済政策とは大きく異なるものになる。

経済人類学者カール・ポランニーによれば、近代社会のダイナミクスは二重の運動によって支配される。一つは絶えざる市場の拡張であり、もう一つはその市場拡張がある一定の方向へ向かうのを阻止しようとする対抗運動である。対抗運動は、社会の防衛にとって決定的に重要だが、市場の自己調整機能と両立せず、市場システムそれ自体と両立しないと考える。

このような市場と人間に関する二重の運動は、経済的自由主義の原理と社会防衛の原理にもとづき、経済的自由主義の原理は、自己調整的市場の確立を目標とし、社会防衛の原理は、人間、自然および生産組織の保全を目標とするものとされる。自己調整的市場システムは、社会を破壊する可能性があり、そのため自由主義を抑制する、社会の自己保存措置が必要になるという。そして、自己調整的市場に対する対抗運動の力点は、労働や土地という生産要素についての市場取引を抑制することに置かれた。

つまり社会防衛とは、商品であるとされた労働の人間的な性格を維持することを目指すもので、自己調整的市場に規制をかけることで市場化された人間性を取り戻そうと（復元）したものだ。市場に委ねる部分とそうでない部分があり、ここでもその両立のバランス、調和がカギとなるだろう。

その他にも、多角的な側面から興味深い事例を挙げることができる。

中沢（二〇一六）は、太陽の力が一年で一番弱くなり昼と夜のバランスが崩れる冬至の季節に生者と死者の力関係のバランスが崩れて死者たちが生者の世界に侵入し、そこで生者から死者へ贈答を行うことで再びバランスを回復させる試みが、ケルトなどの異教における冬至祭（レヴィ＝ストロースがクリスマスの起源を見出した）であると説明している[(8)]。円谷プロダクション制作の『ウルトラＱ』に代表される往年の作品でも、自然の生態系バランスが崩れる時に突如として怪獣が地上に現われるといった設定が伺える。

また、経営概念としての、プロシューマーやユーザーイノベーションのような考え方に共通するのは、作り手・買い手双方の視点バランスが重要であるという点である。そして、セブン-イレブンとしまむらでは、現場店舗と中央本部における権限・役割に大きな違いがあるが、集権と分権のバランス構成も古くて新しい経営組織論分野におけるテーマであった。

さらに、その古いものの良さを活かすように努めつつ新しいものを創出することで、古いものの魅力を改めて輝かしていくような取り組みは、まさにバランス感覚の発想を必要とする。

なお、アダム・スミスによれば、自己利益追求の前提となる自己規制（欲望の抑制）こそが徳の本質であり（人間社会では道徳によって他者からの評価を得る）、富と徳（virtue）の二つをバランスさせることこそが肝要で、利己心と自己規制のバランスこそが快適な社会を生むという。人間の本源的感情である利他心と利己心をいかに調和・均衡させるかが命題となっている。そして、人間にとっての幸福とは何かという本源的な問いに対して、スミスの答えは楽しみ（enjoyment）と平穏（tranquility）であった。幸福を心の落ち着いた状態にあると捉えた思想家の先達は多く、アリストテレスも幸福とは中庸（メソテース）の状態にあるものと考えたように、人間にとっては中庸にバランスすることが最も快適な状態にあると言えるのだろう。

整理すると、様々な事象において、対極軸があってこそ、そしてその絶妙なバランス構成のもとで卓越した産出物が創出されるということであろう。茶の湯では、日常と非日常の微妙な中間状態を創り出し、それが絶妙なバランスを保っていることが魅力の源泉であるともいえる。中庸による調和の発想のようにバランス感覚を保つ均衡性の視点は経営において重要視されるべきだろう。ただし、「バランス感覚が重要だね」といった提言は一般的にも浸透しているため、あえて言うまでもなかろうといった指摘もあるはずだ。

ここで特筆すべき点は次のようなものである。

熱が高い位置へと向かう特性を利用した「登り窯」という伝統的な焼き物の焼成に関する技術が存在する。傾斜地に焼成場を階段のように連ね、下段の燃焼余熱を上段に活かす仕組みとなる。この「登り窯」を設計する際、その勾配が急角度過ぎてしまうと熱が一気に上段へ登ってすぐに放出してしまい、逆に角度が緩やか過ぎると今度は熱が上段へと登っていかず、その緩急のバランスが問題になる。ここで、これをバランスさせるための理想的角度が一般的には十五度であるのだという。実際は厳密に数値化できない場合のほうが多かろうが、このようなバランスを実現させる、理想的水準点を様々な事象において見出す努力が求められるのだが、より重要なのは、問題解決の本質が何であるのかを正確に見極め選定すること、その本質的要因を具体的に明示化する試みである。「登り窯」の事例の場合、問題解決のための本質的要因は「勾配」となる。そして、その本質的要因（＝勾配）を構成するものが、対立（バランス）軸としての「緩急」という要素だ。つまり、均衡化作用を講じるには、様々な事象案件ごとに問題解決の本質的要因（課題）および構成要素（対立軸）が何であるのか、を究明する作業こそが最大のテーマになるだろう。

決してこれらは所与のものではないのである。不寛容化が懸念される現代社会であるからこそ、次世代の経営に向けて、この均衡化作用にあらためて注目すべきと考える。

以上のとおり、生活の質向上を目的に、これからのマーケティングを考える上で有意義なポリシーとなる三つのファクターを示してきた。そして、三つのファクターは相互に相関する関係にもある。先述した家電販売店によるかつての御用聞き機能の代替化は、独居高齢者の健康状態等を把握する民生委員のような公共的サービスの役割を代替すると同時に旧来の人的つながりの関係を再生させる復元化作用をも果たす。スミスによる富と徳の均衡命題は、人間の本源性への復元に関わるものでもある。そして次項で触れるとおり、企業による公共性の代替は、まさに公的部門と民間部門における役割の均衡化に寄与するものとなる。

それでは、以下において、これらファクターが作用する前提となる、社会秩序を形成する二つの基盤コードについて検討してみたいと思う。

秩序形成のための共有基盤コード

これまでに示した三つのファクターが作用するためには、その前提として、人々に共有された社会秩序の形成が必要になる。その秩序を形成するためには、公共性向と他者理解という二つの共有基盤コードの存在が重要になるものと考えられる。

① 公共性向

これからの生活における質向上を考える上で、財・サービスの供給主体が民間によるのか、それとも民間以外によるのか、その最適な均衡を模索し、役割分担を再考し見直すことが必要であり、企業側にも、こういう社会を築きたいという公の信念、思いが本源的に存在する。

生活文化の質が高くより善き生活を営む社会には、個人の私的満足だけではなく公共的視点が重要になる。NPOやNGOだけに限らず、すべての営利企業が経営において、公共性を志向していく姿勢が求められ、今後その度合いは増えることになろう。

共同との概念の違いとして、共同体は一元的同化・排他的帰属が求められ、等質な価値で充たされるのに対し、公共性は人々の抱く価値が互いに異質であることを前提条件とし、その点で両者は異なるものとされる(9)。

一九七〇年代に社会学者ダニエル・ベルは、技術的基準では解決できない何千という問題は、価値と政治的選択に関わるものとし、私的欲求を抑え公共性をいかに実現するかを考えた。ベルが市民意識として説くのは、公的なものを犠牲にしてまで私的な利益を追求しないことの重要性であった(10)。

アメリカでは、一九四〇〜五〇年代に中間層が郊外へ移住を始め、一九五〇〜六〇年代に入り都市部が衰退したが、イギリスでも工場・オフィスの郊外移転分散政策により七〇年以降にインナーシティ問題が深刻化する。この郊外に拡散するスプロール化現象を批判したビクター・グルーエンは公共性が五〇年代にすでに喪失しつつあったとし、失われた公共空間をショッピング・モールによって取り戻し復元することを試みている。このように営利企業によるショッピング・モールの公共空間化への取り組みは、企業が公共性を代替化する考え方の有効な参考事例であり、これからは、企業が抱く社会像・ビジョンの内に、公共性の側面を組み込むことが必要になる。

徳島県神山町には、IT系をはじめとする十社がオフィスとして利用する、空き家を改装したサテライトオフィスがある。その中でも、東京に本社を持つ映像関連ベンチャーの「えんがわオフィス」は興味深い。特筆すべきは、建物の設計に関して、従来の外壁を取り払い、その部分をガラスに変えたことで外と内が隔離されず、つながるように工夫されている点だ。その広くデザインされた縁側スペースは、そこで働く人々にとってオフィスの外でも内でもない不思議な空間であり、同時にそのスペースには地元住民も気軽に集い、地元のお祭りの際には敷地を地元住民に開放して一緒に祭りを盛り上げているというのだ。オフィスでありながら、公共性を持つ〝場〟として機能している姿が伺える。

② 他者理解による共生

企業と生活者の間で社会像・ビジョンが共有され、それに伴い、ある種の新たなネットワーク・関係性が生成されるようになると、そのネットワーク内において、異なる価値観を持つ人と人との信頼関係を構築するために他者理解の工夫が必須となる。

SF作家のフィリップ・K・ディックは、かつてのヒッピー現象について、彼らを内面の理解不能なアンドロイドのように感じたと語り、彼の小説『アンドロイドは電気羊の夢を見るか？』が原作となった映画『ブレードランナー』において、皮肉にもレプリカントのほうがむしろ多様な感情を有しており、逆に主人公のデッカードをはじめとする人間側のほうが他者への共感に欠陥がある点が描かれているといった指摘がある(11)。共感という概念については、経済学などでも古くから扱われてきた重要なテーマであった。

それでは、私たちは異質な他者をどう理解していけばよいのだろうか。異なる価値観を持つ人と人との間に信頼関係を構築するに際しては、リレーションシップ・マネジメントの考え方が有効だ。

リレーションシップ・マネジメントを効果的に進めるために必要なメンタリティーとして、エンパシー（empathy）の概念があるので紹介しておこう。

井関（二〇〇五）の説明によると、その語源は（em ＋ pathos）で、〝エン〟は中に入れる、与えるという意味で、〝パシー（パトス）〟は感情で、直訳すると感情移入となるが、正確には「人間の心の二つの作用を同時に意味する言葉」である。二つの心の作用とは、「イントロジェクション（introjection）」と「プロジェクション（projection）」だ。

イントロジェクションとは、他人の心の動きや行動（自分が置かれている状況に関わる）の仕方を敏感に感じ取り、自分の中に取り入れて理解することをいう。それによって、自分の気持ちが変わっていき、今度は、それにより自分が受けた影響を相手に取り入れてもらうように効果的に提示する作用、これをプロジェクションという。プロジェクションとは、自分の気持ちや願いや意思を明確に表現して、相手に取り入れてもらうように努めることだ。

このような概念が、双方向の能力を一つの言葉で表わす、エンパシーという概念であり(12)、他者を理解し信頼関係を構築することに役立つものと考えられる。

次に、他者理解を通した共生という生き方について確認しておこう。

ここでは、物語作品内に描き出されている背景・設定の点から少し検討してみたい。

善悪の区分という点から、人気アニメ『機動戦士ガンダム』には、敵側（ジオン公国）なりの心情や立場についても描写されているが、これは共生思想にもとづく捉え方の典型だろう。

過日ノーベル文学賞を受賞した作家のイシグロ・ノグチ氏は、文学の現代的意義とは、異なる価値観を持つ人々を理解できるだけでなく、自分自身を理解する助けにもなり、互いを受け入れるために必要であるものと述べている。

手塚治虫と異なり、ディズニーが制作するアニメーションに対して否定的な宮崎駿監督は、対立し共存する〝文明と自然〟が容易には和解できないからこそ、わざわざそれをアニメーションで描く意味があるのだという。その宮崎監督による次のような発言からは共生の思想が色濃く伺える。

〝ミソもクソも一緒に生きようという考えしか、これからの世界には対応しようがないと思うんです。〟(13)

荻原（二〇一六）の指摘によれば、初期の作品『未来少年コナン』には善悪の区分が明確に描かれていたが、一九八二〜九四年までの歳月を要したコミック版『風の谷のナウシカ』、九五年の映画『耳をすませば』、九七年の『もののけ姫』が転換点となり、九七年以降に典型的悪役が作品中に登場しなくなる。つまり悪を退治して人間社会を、産業文明を滅ぼして自然環境を、それぞれ「浄化する」という概念が宮崎監督から消え、共に生きる（生きていくしか仕方がない）ことがテーマになったという(14)。ここからは脱排除の論理が読み取れる。

『ウルトラセブン』の脚本家の一人である市川森一氏は、ベトナム戦争の報道から感じた正義に対する不確かさの思いが脚本づくりに影響したと述べているが（『朝日新聞』二〇〇五年十二月十一日朝刊）、そもそもニーチェに言わせれば、善と悪の境などは人間が勝手に決めたものに過ぎないということになる。宮沢賢治の作品に顕著なように、善悪未分、吉と凶も表裏一体といった考え方がもともと東洋的思想の根底には潜んでいる。このような東洋的思想の復元のもとで、洋風建築の中に和室を置く、といった単純な異質物の混在ではなく、共生には、相互作用によって双方の価値を上げる可能性があることを期待したい。そして、社会像・ビジョンの共有が異なる主体を同じ方向に向かわせることに貢献するだろう。

最後に、生態学的デザインで注目される建築家、平田晃久氏の試みを紹介しておこう。平田氏は建築のコンセプトとして、太古の動物的感覚を呼び覚まし、人間の活動を生態系に戻すような建築を理想としている。この理想のもとで、実際に数々の建物の設計を実践し具現化している。これは先に示した復元化作用とも通じる。そして、自他を区別することは自然界における生物同士の「からみ合い」構造と大きく異なり、自分単体だけが良いという思考では駄目であって、自他の「からみ合い」こそが複雑な秩序を維持し、生きていく世界の〝豊かさ〟を醸成するものと平田氏は考えている。この事例も、他者理解による共生を支持する意義のある発想であろう。


かつてエミール・デュルケームは、原始社会に始まる、同じような人々が単純に結び付いた共同意識の高い機械的連帯から、分業の進展に伴って、道徳的規制が機能し、個性を発揮した人々が複雑に結びつく個人意識の高い有機的連帯へ社会は向かうものと考えた。

そして、十九世紀フランスの政治思想家アレクシ・ド・トクヴィルは、国家と個人の間に中間共同体を想定し、これが異質な他者と出会い合意を形成することに役立つものと捉えた。

ここで、共同性の中で必要な財やサービスを共創していくために、他者理解による共生発想に基づき、現代社会で人々のつながりを支えるものが、企業と生活者の間で社会像・ビジョンが共有され、賛同関係の醸成された有機的な連帯（賛同連帯）である。

もともと日本やヨーロッパ社会では、個々人が所属する共同体内において、相互に協力し合い、支え合うような連帯関係が存在していた。

十九世紀後半のヨーロッパにおける都市化や工業化に伴う分業の進展が人間の生活を急激に変容させ、コミュニティを衰退させた一因とされる。経済学的視点からは、キリスト教がもたらした個人主義が自己調整的市場の基盤となり、それが人々の間における協力的な関係性、互助の精神を失わせたとも言われる。

この関係性や精神を現代社会の中で再生・復元させるにあたり、企業こそが重要な役割を担い、提供する財やサービスを媒介にして、企業と生活者および生活者相互を結びつけ、新たなネットワークを創出する主体となる立場が企業に求められる。このことは、前述した復元化ファクターにおける精神的共同性の構築にもつながる。異なる価値観を有する生活者同士を連帯させる糊代として、共有可能な社会像・ビジョンを企業がまず示し、生活者はそれに共鳴・受容しつつも、企業と相互にその社会像・ビジョンという規範を再構築していく循環プロセスとなる。社会的な意義と妥当性を有した社会像・ビジョンなどが明示化され、これに賛同することで新たに自生的秩序（ルール）が生成されるわけである。特にモノづくりに関して、従来のような下請け構造ではなく、自律分散ネットワークのもとで共創していくような水平的分業構造においては、ビジョンなどへの賛同がやはり必要になる。

繰り返しになるが、生活者および企業の構成員の間において、異なる人間同士が連帯するには他者との相互理解の促進が不可欠だ。そして、共生の社会を実現するためには、偏った価値観・思考を回避する均衡感覚を発揮することを通して、立場を超えて相互に学び合い、共に変わっていく「共学共変」の姿勢が肝要となる。

なお、他者を理解し、異質なものが連帯することで期待されるのは、やはり従来までには無かった新しいアイデアや発見が偶発的に生ずるといった効果であろう。

本章を終えるにあたり、議論を整理することにしよう。

以下の**図5―1**は、これまでの提言を要約したもので、これを次世代企業経営の指針として、マーケティングを考える上で意義のある「トライアド・ポリシー・フレーム」と称することにしたい。秩序形成のための二つの共有基盤コードは各ファクターの前提となる要素なのだが、それと同時に社会像・ビジョンを方向付ける役割も果たすことになるのだ。

あらためて、生活者にとってより善く生きていける質の高い社会とはどのようなものか。

アリストテレスの共通善（common good）とは、コミュニティを維持し、互いを尊重し協力し合う友愛を重視するものだ(15)。

人々がより善く生きるため、社会にとって善きもの、共通善（私益追求によって実現されるだけではない）を促していく責任が企業にはあり、そのために営利企業とはいえ、公共精神を持ち合わせて社会像ビジョンを示し、これを実行していく持続的なマネジメントが次世代の経営に求められていくだろう。

最後に、私的な思いではあるが、映画通を自称している筆者にとって最近の映画があまり面白く感じられなくなった。その原因の一つにCG技術の多用化があると考えている。時にCG技術を用いた作品の中でも面白いと感じた作品では、部分的に精巧なミニチュアが製作されており、それとCG映像が融合されていたのであった。一体何を目的にしたテクノロジーなのか、これらの点をそもそも真剣に議論しておく必要がある。技術力の向上がそのまま無

図5－1　マーケティングのトライアド・ポリシー・フレーム

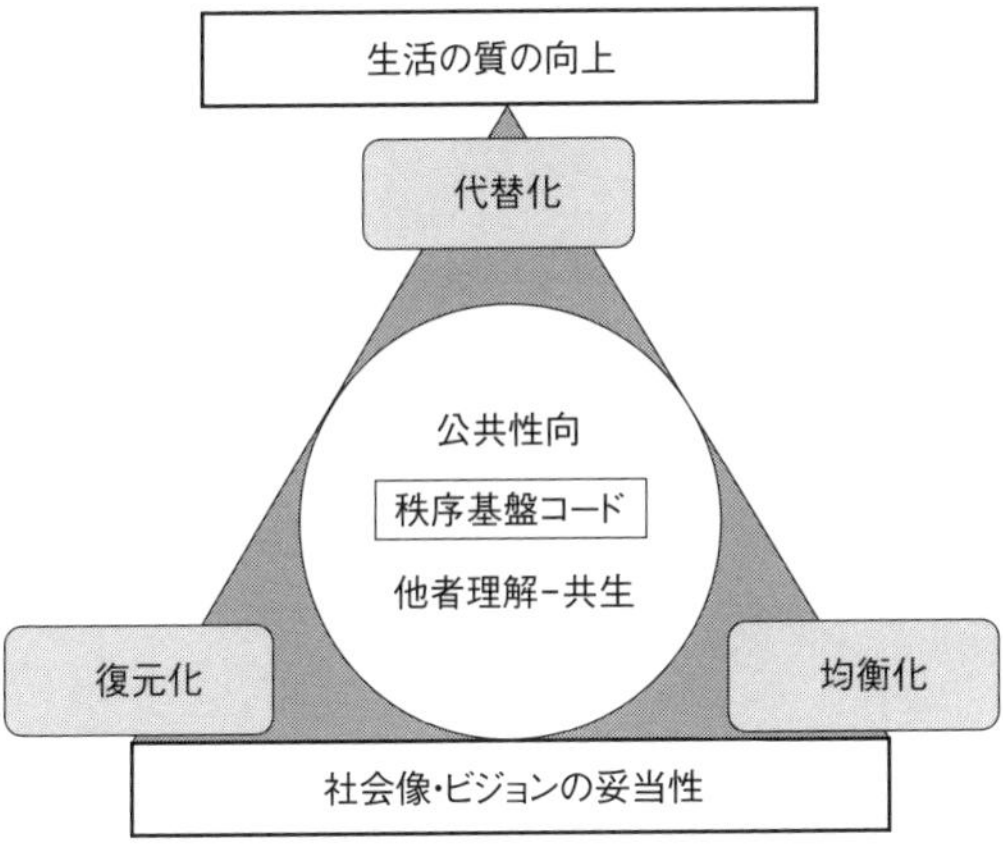

条件で生活の質の向上に直結し寄与するのではなく、技術はあくまでも手段であって決して目的ではないことを忘れてはならない。

(1) カルチュア・コンビニエンス・クラブCEO増田宗昭（二〇一一）『代官山オトナTSUTAYA計画』復刊ドットコムによる。
(2) 以上に関して、富士急行事業部の斎藤俊之次長、小佐野慶次長へヒアリングを行い、調査にご協力を頂いている（二〇一八年八月二八日取材）。
(3) 谷田大輔（二〇一三）『タニタはこうして世界一になった』講談社による。
(4) 以上は、野内良三（二〇〇〇）『レトリックと認識』日本放送出版協会による。
(5) 代替的結びつきの考え方は先に示した、野内良三（二〇〇〇）II章をもとにしている。
(6) 黒瀬直宏・上原聡編（二〇一四）『中小企業が市場社会を変える』同友館、第1章による。
(7) 公益財団法人京都市景観・まちづくりセンターHPによる。http://kyoto-machisen.jp/（二〇一八年八月一日アクセス）
(8) クロード・レヴィ＝ストロース『火あぶりにされたサンタクロース』角川書店、中沢新一訳・解説、二〇一六年（原著一九五二年）による。
(9) 齋藤純一（二〇〇〇）『公共性』岩波書店による。
(10) Bell' Daniel（1973）The coming of post-industrial society.（内田忠夫訳『脱工業社会の到来』ダイヤモンド社、一九七五年）

(11) 町山智浩（二〇〇六）『ブレードランナーの未来世紀』洋泉社による。
(12) 井関利明・藤江俊彦（二〇〇五）『ソーシャル・マネジメントの時代』第一法規、一三九頁による。
(13) 養老孟司・宮崎駿（二〇〇八）『虫眼とアニ眼』新潮文庫、一二〇ページ。
(14) 荻原真（二〇一六）『宮崎駿の「半径三〇〇メートル」と『風立ちぬ』』国書刊行会
(15) 菊池理夫（二〇〇七）（古賀敬太編『政治概念の歴史的展開2』晃洋書房）による。

●筆者略歴

上原　聡（うえはら　さとし）

1967年神奈川県生まれ。慶應義塾大学経済学部卒業、慶應義塾大学大学院経営管理研究科修士課程修了、専修大学大学院商学研究科博士課程修了。博士（商学）

日本交通公社（JTB）を経て、学校法人慶應義塾で長年にわたり大学行政のマネジメントに従事。非営利組織における経営戦略の立案を数多く手がける。

現在、嘉悦大学大学院ビジネス創造研究科研究科長・教授　学校法人嘉悦学園評議員

専門分野は、マーケティング戦略論、消費者行動論。特に感情を考慮した心理学的なアプローチや文化論的なアプローチを研究の中心としている。

主著書：『感情マーケティングの理論と戦略』（専修大学出版局2008年）、『中小企業が市場社会を変える－中小企業研究の社会論的転換』（共編著、同友館2014年）、『文化視点のマーケティング論』（同友館2015年）、『サービス化社会のマーケティング構想』（単編著、創成社2016年）、『魅力創造するマーケティングの知』（単編著、同友館2017年）など

●執筆協力者

市崎　良和（いちざき　よしかず）

1990年慶應義塾大学商学部卒業、信託銀行、国内証券会社等に勤務。金融機関にて、主に市場調査（ストラテジスト等）に長年従事し、2004～2012年には公的セクターのクレジットアナリストを担当する。

2019年8月15日　第1刷発行

産業経済とマーケティングポリシー

©著　者　上　原　　聡

発行者　脇　坂　康　弘

〒113-0033　東京都文京区本郷3-38-1
発行所　株式会社 同友館
TEL. 03(3813)3966
FAX. 03(3818)2774
URL　https://www.doyukan.co.jp/

乱丁・落丁はお取替えいたします。　三美印刷／東京美術紙工

ISBN 978-4-496-05428-0　Printed in Japan